なぜ日本は同じ過ちを繰り返すのか

太平洋戦争に学ぶ失敗の本質

【大活字版】

松本利秋

はじめに――日本軍と同じ〝体質〟を抱える現代日本

ゼロ戦開発のDNAを今に受け継ぐ三菱自動車、江戸時代のからくり儀右衛門《ぎえもん》・田中久重《たなかひさしげ》の精緻《せいち》な技術の流れを汲む東芝など、技術と信頼を看板にした歴史と伝統を誇った企業が今、存続の危機に立っている。

データ偽装や粉飾決算という信じがたい不正はなぜ起きたのか。電機大手では三洋電機の名がすでに消えた。シャープは時間切れぎりぎりに偶発債務の問題を突かれて台湾企業に買い叩かれた。かつて「技術のソニー」と呼ばれたソニーにも、往年の輝きはない。

こうなったのはトップの責任は言うまでもないが、不正に手を染めたのは現在の日本では優秀とされてきたベスト・アンド・ブライテストたち（最良の聡明な人たち）である。東芝では経理・財務の専門家、三菱自動車では開発・検査にかかわる技術者たちだ。

実を言うと、このような事態は現在に限ったことではなかった。一九九〇年代から二〇〇〇年代前半にかけて、山一證券や日本長期信用銀行が破綻したり、全国の駅前ごとに支店があるような大銀行が、不良債権を抱えるだけでなく、それをひた隠し、それでも十分に隠し切れず、ついには公的資金の注入を受けるにいたっている。

これらの企業の不始末を見てみると、その根底にはほぼ一貫して企業トップの無責任、決断の先送り、戦略のなさ、情報を活用する力の不足、状況への即応力不足、硬直した組織観などの要因がある。

それも長い歴史と伝統、卓越した技術力などを備えた、名門と呼ばれる巨大企業になればなるほど内部ではさまざまな軋轢《あつれき》が起こり、経済合理性を阻害する要因として成長するようだ。

このように見ていくと、日本企業がここにきて俄《にわか》に劣化していったわけではなく、原因は日本の組織そのものにあり、その軛《くびき》から完全に脱し切れていないという事実が一気に噴き出したと見たほうが合点がいく。

明治維新以降、近代化した日本社会で最大の組織と言えば、大日本帝国陸海軍である。日清戦争、日露戦争と勝ち進むうちに過去の勝利した体験が蓄積され、成功体験のみが唯一絶対のものとして日本の軍隊の中で育った。そのため規範から外れた発想や、試みにチャレンジする精神は薄れ、世界の軍事組織の中でもっとも硬直化した軍隊となり、現在で言うガラパゴス化していった。

そして二・二六事件などを通じて太平洋戦争直前には、軍そのものが日本国家を牛耳り、経済も思想も統制経済の名の下に、すべて軍に協力せざるを得ないシステムを作り出した。

この状況の中で、軍需産業のエースとしてゼロ戦など画期的な兵器を生みだしていったのが三菱だろう。三菱は海運業から始まり、台湾出兵、西南戦争時の兵員輸送など政府の御用商人として育った。統制経済当時は、軍の要求を満たす技術の開発に努め、自らのイノベーション（新基軸）で技術を磨く機会はほとんどなかった。

したがって、三菱に限らず当時から生き延びてきた巨大企業は、ほぼそのまま軍の官僚組織を写し取ったものにならざるを得なかったのである。

ではその軍の内部で起きたことは、どのようなことであったのか。

本書は太平洋戦争の勝敗を決めた要因の中で、定番となっている解釈「物量と技術力の差」以外の要因に目を向けた。単純な物量や技術力比較では、現在、製造業で成功した日本にはすでに備わっており、昨今の日本企業の劣化状況を語る基準とはならないからである。

太平洋戦争では、日本とアメリカ、イギリスとの物量と技術の差は開戦前から十分わかっていた。それでも戦争に踏み切り無残な敗戦にいたったのは、日本的な思考法や、戦争全体を見通す戦略の欠如によるものであった。さらには組織の温存を考え決断を先送りにする徹底した官僚的発想と、陸海軍のセクショナリズムなどが要因としてあったことにも着目した。

現在の日本にも、それと同じ体質が組織（企業）の中に生き残っており、水面下で抱えてきた多くの社会問題、経済の課題、国民生活や政治組織の問題が一気に噴出。その一環として巨大老舗企業の崩落現象が起きている。

換言すれば七〇年前の日本軍が抱えていた組織の病根と、現在のわれわれが直面している問題との間に、共通の構造があると見ていいのではないかと思う。本書ではそのような視点で、帝国陸海軍の組織的展開から敗因を探り、たんに歴史好きの読者ばかりでなく、生死が隣り合わせの、戦場のような極限状態で奮闘している、ビジネス・パーソンの一助になることを目的としている。

なぜ日本は同じ過ちを繰り返すのか◆目次

第一章　世界情勢が読めない無能な国家指導者たち

第二章 開戦時の戦争指導者たちを誤らせた組織的欠陥

第三章 転換期に疎い日本的組織の不条理

写真提供◆フォトライブラリー／コスモ通信企画
図版作成◆イストゥワールＦ２

序章

戦前から露呈していた日本的組織の矛盾

皇紀 2600 年を祝う提灯行列

世界の常識と異なる日本の戦争観

日本の戦争観は欧米には勝てない「特異」なものだった

ヨーロッパ人の歴史的な戦争観

旧約聖書「民数記《みんすうき》」に、古代から続いたヨーロッパ人の戦争観がつづられている。それによれば、神の約束の地カナンに着いたモーゼは、その地に住む異教の民を滅ぼしていく。第31章にはミディアン人との闘いの記述があり、一万二〇〇〇人のユダヤ戦士は、ミディアンの戦士を皆殺しにして王を殺した。さらには羊の群れと財貨をすべて奪い、街々をことごとく焼き、女子供を捕虜にして戻ったとなっている。

だが「男の子は皆殺しし、男を知った女も殺せ。男を知らない娘はお前らのものだ」と言ったモーゼが、なぜ女子供を生かしておいたのか。

つまり、モーゼを通じて神が語っている戦争とは殺戮《さつりく》と略奪と強姦であり、戦争とは相手民族の淘汰だと言っているのだ。だから、種を持つ男はたとえ一歳児でも殺す。男を知った女、つまり人妻は子種を宿している可能性があるから殺す。妊婦は腹を裂き胎児を取り出して殺すのが戦争の形だ。

また神は第33章で憐憫《れんびん》や同情をするなと宣じる。「もし彼らを生かしておけば、その者はお前たちの目の棘《とげ》、脇腹の茨《いばら》となり、お前たちを悩ます結果となるから、皆殺しにしろ」と説いている。

新大陸に渡った清教徒たちは、新約と旧約の聖書を読んでいた。だから異教徒の先住民インディアンに対しては、当然のようにミディアン人と同じことをした。

イギリスは、巨大なダイヤモンド鉱脈が発見された南アフリカを手に入れるため、ボーア戦争を仕掛けた。後に首相となるチャーチルも中尉で参加しているが、イギリス軍はボーア人戦闘員の男が出かけた後に、村に残った女子供を一カ所に押し込め、村の周りに火を付けて焼き殺した。それを見た男たちが絶望して降伏するという凄惨《せいさん》な戦いを繰り返し、ついに南アフリカを手に入れたのである。

一九四五年春の東京大空襲では、アメリカ軍は大きく円を描くように焼夷弾《しょういだん》をばら撒き、退路を断った上で中心部を攻撃するという徹底的な殲滅《せんめつ》作戦を行った。これはボーア戦争でのやり方と同じである。

これらの歴史的事実からもわかるように、彼らの戦争目的は敵（異教徒）を徹底的に叩き潰し、民族を消滅させることにある。したがって戦争を起こすことと敵を定めて戦うことには、民族の生き残りがかかっており、何が何でも勝たねばならぬという覚悟が必要である。

国家の場合、これが最終的な国益である。そのためには冷徹な計算に基づき、できることは何でもやり、勝ったほうが正義という道義的な果実を勝ち取ることができるのだ。そして、古来よりさまざまな民族に攻め入られた歴史を持つ中国大陸でも、同じ価値観が徹底されている。

日本人の歴史的な戦争観

しかし、日本は戦争の方式がまったく違う。まず第一に、長い歴史の中で民族浄化を行ったことがない。ヨーロッパ人が旧約聖書どおりの略奪と虐殺、強姦を繰り返し実行している間、まったく違う戦争をしていたのである。

典型的な例の一つが、平清盛《たいらのきよもり》が源義朝《みなもとのよしとも》を討った後、義朝の愛妾《あいしょう》常盤《ときわ》御前《ごぜん》を許し、その子の義経《よしつね》と、腹違いの兄頼朝《よりとも》らを許したことである。その結果、この兄弟に平氏は滅ぼされてしまった。

秀吉は備中《びっちゅう》高松城主清水宗治《しみずむねはる》の切腹を条件にすべてを許した。関ヶ原の戦いは稲の刈り取りが終わるのを待って始められ、百姓たちは弁当持参で合戦を見物した。

このような歴史と戦争文化を持った日本が、実質的に初めて異文化圏のヨーロッパと戦火を交えたのは日露戦争であった。その結果は、日本海海戦でロシアのバルチック艦隊を撃破し、陸では奉天《ほうてん》での大会戦で勝利して和平に持ち込み、きわどいところで勝利となった。

当時のロシアは相次ぐ戦争で国力が疲弊《ひへい》し、レーニン指導の下で共産主義革命が勃発するなど国情が不安定であった。だがロシアにはまだ余力があり、極東での戦争継続に本格的に力を注げば、十分に日本軍を叩ける状況であったことは、多くの歴史家の認めるところである。

太平洋戦争で証明された通じない日本の戦争観

日露戦争の勝利は日本にとっては好条件が重なり、ロシアのロマノフ王朝にとっては状況の悪化傾向が強まる、極めてリスキーな結果であった。

本来ならば、あり得ないような好条件が重なった勝利であったにもかかわらず、日本人と軍部の間には貴重な成功体験となり、以降の日本人の近代戦争に対する基本概念となってしまったのである。

つまり、古来からの日本の戦争パターン「ある程度まで戦って勝利すれば、有利な条件で和解ができる」という決め込み（期待）が、戦争全体に通底するイメージとなって固定してしまったのだ。

以降、太平洋戦争を通じて、何度も唱えられた「決戦」という概念がそれである。このイメージの象徴として最大の決戦であるはずの「本土決戦」は現実には行われず、前線の部隊は決戦準備の時間稼ぎをさせられたが、十分な資材や兵力を与えられず、夥《おびただ》しい犠牲を強いられたのである。結果として、その犠牲はすべて無駄になってしまった。

この発想の下では、まともな戦争目的を定めることができず、目的が定まっていないから戦略もいい加減なものになる。その典型的な例が、日米開戦に踏み込む時の基本的な戦争目的すら決定されておらず、真珠湾攻撃に象徴されるような戦術のみが精《せい》緻《ち》に練られていったことである。

地政学的な見地に立てば「大日本帝国」は、植民地を除いて海に囲まれており、日本海はもとより、太平洋を押し渡って日本まで到達できる海軍を持っている国以外に対しては無敵な存在である。その一点から見ても唯一日本が敗北する可能性がある国はアメリカであった。

したがってアメリカとは、何があっても事を構えない覚悟と、冷徹な国際関係の見方が必要であるのは理の当然である。このような条件下で日米開戦に踏み切った場合、たとえ日本軍が太平洋を押し渡ることができたとしても、広大なアメリカ大陸を横断して首都ワシントンを攻略するのは、不可能なことは言うまでもない。

太平洋戦争の結末は、この当然すぎる予想が現実になったに過ぎなかった。

日米開戦に踏み切り、徹底的に敗北したことは、単に戦力や国力の問題ではない。さらに言えば、当時の指導層の無責任さにあるのではなく、日本人の歴史に根差した発想そのものにあると言えよう。

シンガポール占領後、日独が共同でユーラシア大陸を占領できていたなら、アメリカが融和策に出てくる可能性があったという説が戦後になって出てきたが、ヨーロッパの戦争観を引き継ぎ、さらに合理的に敵を殲滅する手段と意思を持ったアメリカが、そんなヤワな期待に沿うようなことは決してないし、この説の前提自体があり得ないのだ。

総力戦の時代に精神主義で臨んだ日本

第一次世界大戦での変化を知りながら対応しなかった軍部

戦争は大正時代に総力戦になった

日本が太平洋戦争に敗れた一九四五年を起点に考えると、この戦争の主な担い手は大正時代に生を受けた人々が大多数を占めている。

昭和時代の人は、元年に生まれたとしても終戦時にはせいぜい二〇歳で、特攻隊員または少年兵として戦争に参加し、世の中をはっきり見通せるほどの人生経験は持っていなかったはずだ。したがって明治時代後半の日露戦争を戦った世代が戦争の指導層となり、実際に戦場に立った人の大半が大正生まれということになる。

太平洋戦争敗戦後、この戦争体験を基として、明治維新以来近代国家を目指してきた日本が、どんな国家として歩み、世界の列強に並び立とうとしてきたのかは、これまで、さまざまな分野から多様な角度で分析がなされ検討されている。

その主たる丸山眞男《まるやままさお》、吉本隆明《よしもとたかあき》、橋川文三《はしかわぶんぞう》などは大正に生まれ、学徒動員を経験した人たちである。しかし一般的な通念として、ある一つの構図がこの問題を理解する基本として存在している。それは列強の一つであるロシアに勝利したことと、太平洋戦争の敗北を二大分岐点として捉えた見方であろう。

明治維新を担った幕末の世代が、非常に優れた大局観を持ち、さまざまな手段を用いて日露戦争でどうにかロシアを破った。その遺産である日英同盟によって、第一次世界大戦にわずかばかりの兵力と犠牲で列強に伍《ご》し、ベルサイユ条約にも参加するほどになった。

第一次世界大戦後のヨーロッパの疲弊で、日本は輸出を増やし、国内で近代産業を育て上げることができたが、このような幸せな大正時代は長く続かず、昭和初年の世界大恐慌で身動きが取れなくなった。

その後は明治人が持っていたような自由闊達《かったつ》な精神は失われ、大局観を持って世界を見ることができずに日米戦争に突入し、徹底的に打ちのめされたというのがその構図の絵解きだろう。

だが、この絵解きには大正時代が入っていない。大正時代の第一次世界大戦では日本も交戦国になったが、戦闘に参加する機会は限られていたため、日本の歴史教科書には記述の量が少なく、普通の日本人にはほとんど馴染《なじ》みのない、実感に乏しい戦争となっている。

しかしこの戦争は、人類史上初めて世界大戦と名付けられた戦争であって、期間も一九一四年から一九一八年までの長期にわたっており、大西洋から太平洋、ヨーロッパからアジアにまで戦場が広がった戦争である。とくにヨーロッパの参戦国にとっては、人的・物的資源を際限もなく注ぎ込む消耗戦となっていた。人口、生産力、資源量、組織力、資金力などその国が持ち得るすべてのものを賭けて戦い、戦場と銃後の区別もなくなった総力戦であった。

この新しい時代の戦争の意味合いを、日本人がどれほど理解していたのかが問題である。とりわけ軍がどのように受け止めていたのかが重要であろう。総力戦となれば、当時の日本の国力ではアメリカ、イギリスに敵しないことは誰でもわかる。にもかかわらず、太平洋戦争に踏み切ったのはなぜなのか。

青島戦で総力戦の凄まじさを知った軍部

実を言うと、当時ヨーロッパ戦線には、太平洋戦争の終戦時に割腹自殺した最後の

第一次世界大戦でイギリスが投入した戦車

陸軍大臣阿南惟幾《あなみこれちか》大将ほか数名が観戦武官として派遣されていた。海軍も多数の観戦武官を送り、戦死者まで出している。

第一次世界大戦の中でも、北フランスのソンム地域を中心に、一九一六年七月から十一月の約半年にわたって繰り広げられた戦いは、凄まじい消耗戦として語り継がれている。

この戦いで、イギリス軍が戦車二五〇両を初めて投入した。ドイツ軍の戦線を一気に突破したこの新兵器は完全ではなかったが、これまで膠着《こうちゃく》状態であった戦局を大きく変えた。その後、戦車は各国軍で有効性が認識され、歩兵中心の陸上戦から戦車を中心とした機動戦に変化していったのである。

この変化は重大であったが、それより重要なことはアメリカ、イギリス、ドイツ、ロシアなどの大陸軍国は、一カ所の戦場に大量の大型兵器を投入するだけの国力を有していることだ。

第一次世界大戦の西部戦線では、一度に六〇〇〇門の火砲が使用されたこともある。さらに一キロメートルの戦線に野砲七〇門を並べ、六時間にわたって砲撃し続けている。これまでの歩兵が突撃し、砲兵が支援する戦争ではなく、火力でほとんど片が付き、歩兵は戦場の後始末に行くだけといった形の戦争に変化した。

つまり白兵戦や突撃戦ではなく、火力の強いほうが勝つ。遠距離から物量で圧倒する戦争が近代戦であることを示していた。敵味方双方の軍に従軍して、つぶさに視察した観戦武官たちは、この事実を見ていたはずだ。

実を言うと、日本も第一次世界大戦で近代戦争を実践していた。それが青島《チンタオ》攻略戦である。日本軍は初めて飛行機を投入し、ドイツ軍との空中戦や要塞《ようさい》爆撃を体験した。ドイツ軍の空襲を防ぐために日本独自に開発した高射砲も投入。青島要塞を大火力で一気に制圧すべく、持てる近代兵器を可能な限り動員していたのである。

ドイツ軍の青島要塞砲撃の前面砲兵陣地に配備した大砲の種類と数は、これまで日本陸軍が戦った数度の戦闘よりも多かった。まず、要塞を潰すための一五センチ榴《りゅう》弾砲《だんほう》一三門、二四センチ榴弾砲と二〇センチ榴弾砲四門。いずれも日本軍としては最新鋭の火砲であった。

青島を空爆した帝国海軍のモーリス・ファルマン機（フランス製）

これに加えて一〇センチ加農《カノン》砲一二門、一八センチ榴弾砲六門、一五センチ加農砲二門など、固定式、移動式も含めて大小の火砲一三三門を揃えたのである。砲弾を補給する車両や輜重《しちょう》兵、砲陣地を構築する工兵隊なども動員しており、兵種も技術職を中心に多種多様にわたっていた。

一九一四年十月三十一日午前七時、日本側から初弾が撃ち込まれ戦闘が開始した。日本軍の猛砲撃は八日間続き、砲台のほぼすべてを破壊した十一月七日にドイツ軍が白旗を掲げた。

この間に日本軍の発射した砲弾の鉄量は一六〇一トン。日露戦争の旅順《りょじゅん》攻囲戦の半年間で日本軍が使用した砲弾の鉄量が四〇〇〇トンであることを見ると、いかに凄まじい砲撃だったかがわかる。

一〇年前の日露戦争では、日本陸軍は火力が不足してひたすら突撃し、肉弾戦、白兵戦に持ち込むしかなく、強引な精神主義戦法で諸外国の観戦武官を驚かせていた。

この青島戦は日本軍にとって、新しい戦闘の時代に入ったことを証明していた。しかし、この厳然たる事実が日本陸軍を大きなジレンマに陥れた。

日本陸軍は第一次世界大戦の全体的な観察や分析、実際の青島攻撃の経験から、今後の戦争は科学力と工業生産力を含めた国家の総合力が勝敗を決し、敵を圧倒する物量が決定力となると知った。勇気や決断、精神力、果敢な突撃精神は時代遅れで、戦いの副次的なものになったとの認識を深めたはずである。

その視点で日本の現実を見た場合、第一次世界大戦後に日本での重化学工業はようやく本格的な軌道に乗り始めたが、アメリカ、イギリス、ソ連などの列強と肩を並べるほどの国力には程遠い。

たとえば大正末期での日本人一人当たりの鋼材需要量は、ヨーロッパ主要国の四分の一、アメリカの九分の一である。そして当時の日本の鉄鋼の生産能力も低かった。

総力戦の劣勢を精神主義で補充した愚

日本が成長していくとしても、その間に列強の経済規模はもっと大きくなっている可能性が高い。兵器や弾薬の多寡や科学技術に対する投資が、戦争の勝敗を決するという原則に立てば、今後の大戦争で日本に勝ち目はないという結論が導き出されたはずだ。

日本の国力を飛躍的に上げることができれば問題は解決するが、これは軍人の役割をはるかに超えた問題で、軍とすれば即日列強と戦うことになっても勝利する計画を立てておかねばならない。この見通しがなければ軍隊の存在価値がないわけだ。

軍の立場としては、国力の増加を待って数十年後に産業の発展を見た後に、改めて戦い方を立案していくわけにはいかない。近代戦は物量戦が明白であるにもかかわらず、日本の生産力が仮想敵国である欧米列強に追いつかないのも、まぎれもない現実である。

その結果「日本は列強国の一員に加われない」という現実を、明確に知った日本軍人たちは愕然とするしかなかった。この行き詰まりを知っているがゆえに彼らはどうしたのか。

結論は、鉄の弾に代わって肉弾を使うしかなく、日露戦争当時の旅順攻略戦を想定した敢闘精神を全面的に押し出し、精神主義一辺倒にならざるを得なかったのである。

その行きつく先は、現実を無視した日本人特有の謹厳実直・勇猛果敢を基礎に置いた戦闘方式でしかなく、戦争の基本戦略として戦力を最大限集中して、一気に敵を叩き戦意を挫《くじ》くということになり、日露戦争の旅順攻略戦や奉天会戦、日本海海戦に続き真珠湾攻撃、本土決戦などの決戦主義に行きついた。

負けることを知ってしまった軍隊は、自らを騙《だま》して精神主義を貫くしか手がなかったのである。そこに日本軍最大の矛盾と敗因が存在していたと言えよう。

指導者たちの先送り・不決断体質
硬直した日本軍の〝思考の亡霊〟が現代日本にも残る

「勝つ目的」のない戦争をした日本

現在は鬼籍《きせき》に入る義父から、三十数年前に分厚い手紙を受け取ったことがある。義父は大正十三年生まれ。昭和十八年に商船三井に入社。機関員として「有馬山丸」という輸送船に乗り込んだ。以来、貨物船の乗組員として戦中を過ごし、戦後は長期にわたって外国航路の機関長を務めた人である。

手紙には戦時中の輸送船時代のことが手記風につづられていた。それは義父の技術者らしい淡々とした筆遣いながら、当時の輸送船乗組員が直面した恐怖の日々が的確に記されていた。

当時、義父が航路としていたのは東南アジアと日本を結ぶ輸送ルートで、もっとも危険なシーレーンであった。

バシー海峡で潜水艦の雷撃を受けたこと、台湾の東海上でアメリカ軍艦載機の攻撃を受けたことなど、数字を挙げて船の損害状況を記録し、輸送船内の陸軍兵士の様子などが書かれていた。

その一部をそのまま引用すれば、

「航海は順調にシンガポールに行き、兵員を上陸させた後、ボーキサイト、生ゴムその他の物資を積んで復航も順調に航海し、台湾の高雄《たかお》に入港した。ところが軍命令によってボーキサイトその他の物資をそこに陸揚げし、待機中の関東軍をマニラに輸送することとなった。

乗組員は高雄で砂糖などの土産《みやげ》を買って、内地に帰ることを楽しみにしていたところだったので、暗い予感とともに気落ちしてしまい、一様に表情はさえなかった。もうその頃はレイテ島で熾烈な戦闘が行われていることがわかっていたからである。

高雄からフィリピンまでは、島伝いに仮泊を続けながら航海し、無事マニラに着いた。ともあれマニラに着いてほっとしていたところに、またまた軍から本船は船舶特攻隊となり、マニラで兵員を積んでレイテ島に突っ込むように命ぜられた。

命令の内容は明日の十二月十三日に兵員を積み、マニラ付近の砂浜で縄梯子《なわばしご》による上陸演習の後、直ちに夜のうちに出撃するものであった。レイテでは砂浜に船を乗り上げ、兵員を上陸させた後、離礁できない場合は、船員は兵とともに行動せよという命令も含まれていた。

乗組員はもう生還は期し難いと思って、船内のうまい物を全部出し、最後の酒宴を行ったが、酒を飲んでも頭は冴えて宴も白けて解散し、各自遺書をしたため、もし船は失っても生還した場合に役立つようにとして、各人の荷物は陸揚げしておくことにした」

義父の話によると、その後、アメリカ軍のマニラ湾空襲があり、有馬山丸は沖合に避難し、帰港するとマニラ港が大混乱に陥っており、軍命令が実行できるような状態ではなくなっていた。そして、レイテに船舶特攻をかける軍命令はうやむやになってしまったという。

当時、レイテでは絶望的な戦いが展開されていた。レイテ湾に展開するアメリカ艦隊に対して、特攻機が連日のように攻撃を仕掛けたが、効果は芳しくない。さらには連合艦隊が湾内に突入して、米艦隊を撃滅する予定であったが、思わぬ作戦の転換で中途半端な結果しか生まなかったのである。

義父が乗っていた船は武装も装甲もないただの貨物船である。義父が直面した事態は、戦果を挙げるのが目的ではなく、戦争に勝つ目的とか、勝とうとするための努力などを考えた上での命令ではない。

まったく無防備な貨物船が、泳げない陸軍兵を満載して、過酷な戦場のレイテに突入すること自体が不可能に近い。ましてや砂浜に乗り上げて、陸軍兵を上陸させた後、船員に彼らと一緒に戦えということに意味はない。必死の攻撃の際に、いかに効率的に戦うかといったことを考えて、命令した人間はほとんどいなかったのである。

想定外にまったく対応できない〝硬直した思考〟

このエピソードに象徴されるように、特攻をさせるまで精神的に圧迫するのは上層部が無能だからである。つまり、圧迫管理しかできないのだ。

誰でもお国のためなら精いっぱいやる。死ぬべき時は死んでやる。だけど目の前で怒鳴っている人間が何も考えず、見通しもなく、工夫も凝らさずに、単に「部下を殺すのが自分の仕事」では部下は犬死にでしかない。

これは現在でも就職試験での圧迫面接という形で続いているのだ。会社を訪問して面接を受けると、圧迫して何を言うかを聞く。おだてて持ち上げて、学生らしい斬新なアイデアを出させる面接が少ないのが現状である。圧迫管理は現在も企業に残る日本的組織の基本形であるとも言える。

この硬直した考え方での組織運営であれば、「想定外」の事態にはほぼ対処不能となる。

現在日本は少子高齢化社会という、人類史上類を見なかった未知の世界に入っている。当然、若者が少なくなることで労働力が不足し、生産力が下がる。消費意欲の乏しい老人の増加で国内消費が減少し、国内市場そのものが縮小していく。

日本が経済大国であった時代が終焉し、出口の見えない長期不況の中で、これまでのやり方が通用せず、今、日本は想定外の危機的な状況に陥っている。

太平洋戦争での日本軍が、初期の快進撃から一転して守勢に立たされたのは、これまでの戦闘の方法が通用しなくなったからだという現実認識ができなかった。それまでのやり方からすれば、想定外の状況の連続に大混乱を起こし、突破口を見つけることができず敗戦を迎えた。

二〇一六年初頭に、名門家電メーカーのシャープが台湾の企業に買収されたのも、洗濯機や冷蔵庫、炊飯器という、いわゆる「シロモノ家電」という製品が、労働力の安いアジア各国の製品に太刀打ちできず、単純な機能さえ揃っていれば事足りるのに、ハイテクによる新しい、余計な機能を付けて製品を売ろうとする硬直した方法にこだわったのが大きな要因の一つだとされている。

シャープの事例も、日本軍が「想定外」の新しい状況に対応できず、敗れ去った日本型組織の失敗例と言えるだろう。

同じく東芝の粉飾決算も、後の調査では、歴代の首脳陣はいつかはバレると思いつつも、自分の担当する時期に発覚せねばよしとする先送りと、無責任体質が破綻の原因となっている。

これは広島に原爆が投下されても終戦の決断ができず、ソ連に和平交渉を委ねようとした挙句、ソ連参戦によってすべてが覆《くつがえ》され、日本の外交的機密はソ連を通じて連合国に筒抜けだったことなど、不決断と判断ミスを犯した当時の指導層に通じるものがある。

このように、現代起こるさまざまな事象は、元を辿《たど》れば太平洋戦争で露呈していた日本型組織の欠陥が、いまだ亡霊のように生き残っていると言わざるを得ないのである。

第一章

世界情勢が読めない無能な国家指導者たち

三国同盟締結祝賀会の様子

軍指導者たちの無知が生んだ三国同盟
世界情勢が読めず中国に加担するドイツに気づかなかった日本

ドイツに騙されながら三国同盟を結ぶ日本

一九四〇年九月二十七日に結ばれた日独伊三国同盟は、日本の運命を決定付けた出来事である。

とりわけ、日本にとっては一九三九年にポーランドに侵攻し、第二次世界大戦を始めていたドイツと同盟を結ぶことは、国際社会における日本の立ち位置を決定付けるとともに、イギリス、フランスと、その背後に両国と利害関係が一致しているアメリカとの対立を生む結果となるのは、十分に予測ができていた。

さらに言えば、一九三七年に結ばれた日独伊防共協定は、対ソ連を目的としていたのだが、突如として独ソ不可侵条約が結ばれ、ドイツとソ連は秘密裏にポーランドの分割を決め、ドイツは第二次世界大戦の切っ掛けを作っていた。

この独ソ不可侵条約で、日本はドイツに騙《だま》されたのだが、当時の平沼騏一郎《ひらぬまきいちろう》内閣はこの事態を予測できず、この外交的大失態が原因で総辞職していた。それにもかかわらずヨーロッパで戦争に突入したドイツ・イタリアと同盟を結ぶのは辻褄《つじつま》が合わない。日本はふたたびドイツに裏切られ、三国同盟も破棄されて孤立化してしまうことも考えられ、危険極まりない選択をしていたのだ。

事実ヒトラーは、一九四一年六月二十二日に、バルバロッサ作戦でソ連を奇襲したが、アメリカには独ソ戦開始に関する事前通告をしていた。だが日本には事前通告はなかったのである。

日本も真珠湾攻撃では、ドイツとイタリアに対して事前通告をしていない。このように三国は同盟を結んでいたが、重要事項については互いに意思の疎通がなく、戦略に関する共同作業がほとんど行われなかったのである。

このように枢軸国《すうじくこく》間は一枚岩には程遠い状態であったが、これに反して連合国側は合同幕僚会議などを設置して緊密に連絡を取り、戦略的に役割分担を決め、総合的な作戦遂行が可能だったのだ。

ヒトラーとムッソリーニの独裁による硬直した体制と、日本の軍部を優先する体制とは共通点があったと言えるが、三国は戦場も兵器も共通性がない。

その反面で連合軍は、グローバルな視点で国力を合算させ、総合的に戦う態勢を取っており、力の差は単に軍事力の差だけではなかったと言えよう。この差は戦争が進捗していく間に次第に露呈してくるのである。

ドイツは日中戦争で中国に協力していた

ともあれヨーロッパで戦争が拡大している中で結ばれた三国同盟は、互いにどのような利害関係にあったのか。日本にどのような利害があったのだろうか。

当時、日本は日中戦争で莫大な戦費を費やしていた。中国の蔣介石《しょうかいせき》政権を支援していたアメリカは、日本を敵視する政策を採って、秘密裏に米陸軍航空部隊のシェンノートを指揮官とする空軍部隊を中国に派遣していた。

この部隊は「フライング・タイガー」と呼ばれ、米軍軍籍を一旦離れた軍人たちが民間人を装って中国に渡り、アメリカ製戦闘機や爆撃機を使って日本軍に対抗していたのである。その上、中国軍のマークを付けた爆撃機を日本上空に飛ばし、日本本土爆撃まで準備していた。

日本政府はドイツと手を結び、アメリカを牽制することで日中戦争を有利に処理しようとしていた。ところが日中戦争でアメリカ以上に問題となっていたのはドイツの存在だった。

蔣介石軍を支援したのはイギリス、アメリカだけではなく、ドイツも蔣介石を強力に支援していたのだ。「独中合作」と呼ばれるものがそれである。これは一九一〇年代から一九四〇年代にかけて、蔣介石の中華民国とドイツの間で実施された一連の軍事的経済的な協力関係を指し、日中戦争直前の中国で産業と軍隊の近代化に大いに役立っていた。

一九一二年に中華民国が樹立されたが、その後の日本の満州進出で勃発した満州事変などにより、その独立が脅かされるようになった。蔣介石は事態に対処するために中華民国の軍隊と国防産業の近代化を図ろうとした。

一方ドイツは、一貫して資源の安定供給源を必要としていた。第一次世界大戦終了後の一九二〇年代の終わりから一九三〇年代の終わりにかけて、両国の思惑が一致して親密度が最高潮に達していた。

ベルサイユ条約で再軍備が厳しく制限されていたドイツは、国外のソ連や南米で合弁会社を設立して軍需産業を発展させ、その対象として中華民国が重要視されたのである。

ドイツにとって中国は、近代兵器を売りつけると同時に、その兵器を使って戦術・戦略を組み立て、近代的な軍隊を作り上げる恰好の国であった。日本軍と戦っている中国では新兵器が実戦で実験でき、兵器開発や軍組織の改良にうってつけの条件が整っていたのである。

ドイツから中国に軍事顧問団が渡り、兵器はもとより制服からヘルメットまで、徹底して国民党軍をドイツ式の近代軍に仕立てていき、国民党軍を円滑に組織的行動ができるように編成し、行進や敬礼までドイツ式軍隊になっていた。

一九三二年一月に始まった第一次上海《シャンハイ》事変では、ドイツ軍事顧問団が指導した中国師団が参戦した。その後に日本軍が熱河《ねっか》省に進出し、万里の長城付近で交戦した際には、ドイツ軍事顧問団長ゲオルク・ヴェッツェル大将が自ら中国軍を指揮している。

一九三三年に、ナチスがドイツで政権を取るのとほぼ同時に、上海に派遣されたのは元陸軍参謀総長ハンス・フォン・ゼークトである。ヒトラーは挙国一致で戦争経済推進を政策に掲げ、軍需資源の確保のため、とりわけ中国で産出されるタングステンとアンチモンを重視したため、ドイツの対中国政策はより一層促進された。

ゼークトはこれらの事情を背景に、経済・軍事に関して蔣介石の上級顧問となったのである。ゼークトは蔣介石に軍の近代化と兵器の刷新を提言し、ドイツ製の対戦車砲、モーゼル製の銃器、I号戦車などの装甲車両、ヘンシェルHs123やユンカース、ハインケル、フォッケウルフなどの航空機を購入させ、航空機の一部は中国国内で組み立てることもしている。

これらの近代化は、直後に勃発した日中戦争で効果を発揮した。中でも有名なのがゼークト・ラインと呼ばれる二万以上のトーチカと鉄条網や塹壕《ざんごう》で構成された要塞《ようさい》地帯である。このトーチカは堅固なもので、現在でも上海付近でその跡を見ることができる。

第一次世界大戦の西部戦線では、ドイツはヒンデンブルク・ラインと呼ばれる要塞地帯を築き、白兵突撃してくるイギリス・フランス軍に二〇〇万人以上の損害を与えた実績があった。

ゼークトの指揮監督によって、蔣介石は日本海軍の上海海軍特別陸戦隊本部を取り囲むように陣地を構築した。一九三七年八月、国民政府軍が海軍陸戦隊本部に猛攻撃を開始した。この攻撃は日本へ全面戦争を仕掛けたもので、蔣介石の作戦計画は陸戦隊本部の救援に派遣される日本陸軍をゼークト・ラインに引き付けて、大きな犠牲を強いることであった。

そうなれば、戦争資源に乏しい日本は妥協に応じ、満州国解消などが得られるとの読みがあった。

ヒトラーの思惑も知らず三国同盟を推進

蒋介石は計画どおり、ヒンデンブルク・ラインに立て籠もったドイツ軍のように、ゼークト・ラインに立て籠もり死守する作戦に出た。

上海事変では日本軍三〇万、国民政府軍七五万が衝突した。日本にとっては日露戦争の奉天会戦以来の大戦闘であった。その結果、日本軍は二万の戦死者を出し、蒋介石軍の損害は後の台湾政府の発表では二五万となっている。

戦死者数だけを見れば日本軍の圧勝だが、問題は当時の陸軍の無能ぶりである。蒋介石はドイツ軍事顧問団の下で軍の近代化を図り「攻撃側は常に失敗し防御側は常に有利」という第一次世界大戦の戦訓も学んでいた。この用意周到な蒋介石の戦闘計画を、日本陸軍はまったく予想できなかったばかりか、ゼークト・ラインの存在さえもつかんでいなかったのである。

この時期から、太平洋戦争にいたる全過程での日本陸軍の特徴は、日露戦争の奉天会戦以来フリーズしたままの戦争イメージしか持っていなかったことである。日本陸軍は第一次世界大戦に深く関わることがなかったため、新しい戦争のメカニズムについて知っていながら実践できず、戦争のイニシアティブを取る方策についてもまったく考えていなかったと言える。

最新兵器はどのようにして開発され、それを製造するための新しい資源獲得には、どういう外交政策と情報収集が必要であるかなど、総合的な判断をする発想もなく、ガラパゴス化した戦争運用しかできなくなっていた。

これをドイツとの三国同盟の構図に当てはめてみれば、日本陸軍は中国大陸の戦闘での敵は蔣介石だけではなく、ヒトラーが中国と日本との敵対関係を巧みに利用しつつ、自己の利益に転換させようとしていることに気づかず、愚かにも三国同盟の熱心な推進者となっていたのである。

ここには、軍として国家をどのように支えていくかという、グランドデザインが存在していなかった。これは、巨大かつ強力な官僚組織として、もっとも重要で基本的なことができていない、日本型エリート集団の特性でもある。

これが、現代の官僚組織や会社組織に、引き続き残っていることは言うまでもないだろう。

第二次世界大戦勃発への情勢判断の不在
ヨーロッパの政治駆け引きがまったく理解できなかった日本政府

次の戦争の〝種〟をはらんでいたベルサイユ条約

二〇一五年で第二次世界大戦後七〇年を迎えた。一九三九年にナチスドイツのポーランド侵攻によって始まった第二次世界大戦だが、専門家は別として一般の日本人には、なぜこのような戦争が始まったのかについて詳しく語られていないように思う。

多くの日本人は、満州事変から日中戦争、そして真珠湾攻撃にいたる経過を、ある程度のことは承知しているが、なぜ日本が世界を相手にドイツ、イタリア、フィンランドなどの枢軸国と組んで戦うことになったのか、このようなグローバルな視点で俯《ふ》瞰《かん》した経験は少ないのではないだろうか。

第二次世界大戦の主要プレイヤーが、どのような理由で戦争にいたったのかを分析してみると、結論から言えば、各国民の認識と現実とのギャップと、それに対する指導者の判断ミスが戦争に繋がっている。そしてこれらの失敗の積み重ねの中で、指導層が見失わなかったものは、国益を全うするための戦略眼と現実的な選択であった。

当時のヨーロッパでは、日本政府の認識をはるかに超えたリアル・ポリティックスが起こっていた。ドイツとソ連が独ソ不可侵条約を結び、それを破棄して独ソ戦が始まった状況を見ることで、日本的思考方法との違いを浮き彫りにすることができるだろう。

第一次世界大戦がドイツの敗戦で終わったのが一九一八年十一月。翌年六月二十八日からパリのベルサイユ宮殿で講和会議が開かれ、ベルサイユ条約と呼ばれる講和条約が結ばれた。

だが第一次世界大戦を終結させたこの条約は、次の戦争の種をはらんでいた。その理由の第一は、一九二一年のロンドン会議で、敗戦国ドイツに総額一三二〇億金マルクと、輸出額の二六％という法外な賠償金支払いを義務づけたことだ。

金マルクとは、第一次世界大戦によるハイパーインフレーションの間に、貨幣価値が急激に失われたパピエルマルクと区別するための用語である。一金マルク＝三五八ミリグラムの純金と等価という金本位通貨である。

ドイツの経済状況がどうあろうと、一九八七年までの六六年間は、金と兌換《だかん》できるマルクで年額二〇億金マルクの賠償金を支払い続けなければならないとされたのだ。その場に立ち会った、イギリス大蔵省の若い官吏《かんり》ケインズ（後に近代経済学の父と言われる高名な経済学者）が「もし、私がドイツ全権大使なら、窓から飛び降りて自殺していたかもしれない」と言うほど過酷なもので、当時の経済学者によると、ドイツの支払い能力はこの一〇分の一がやっととされ、まったく非現実的な賠償金であった。

この賠償金額については、フランスが強硬姿勢を貫いた。フランスはこの戦争で国土が荒れ果て、経済的にも壊滅的な打撃を受けていた。戦争はドイツが仕掛けてきたものだから、戦争の責任はすべてドイツにあり、すべての損害に対する責任はドイツにあるという立場を絶対に曲げようとはしなかった。

ドイツは早々と支払い不能に陥ると、フランスはベルギーを誘って強制取立てにおよんだ。一九二三年一月、フランスとベルギー両国軍がドイツ中西部のザール（フランス名ルール）地方に侵入した。ザール地方は日本の東海道ベルト地帯に相当するドイツの産業地帯である。炭鉱と鉄鋼の大生産地帯として十九世紀以降のドイツ経済を支え、現在もエッセン、デュッセルドルフ、ドルトムントなどの大都市が集中するドイツ経済の中心地だ。

ドイツは騒然となり、占領軍に抵抗したドイツ人工場労働者一三人がフランス軍に射殺され、ドイツ人がフランスに憎悪を駆り立てる象徴的事件となったのである。

ドイツ政府は紙幣を大量に発行したため、超インフレをもたらし、ドイツの中産階級は一気に没落してしまった。失業者も七〇〇万人を超え、一九二三年十二月には三ポンド（約一三六二グラム）のパンが八〇〇万から九〇〇〇万マルクと、戦前の一〇億倍の価格になったほどで、国は混乱に陥り、武装した民間人の暴動や政治的な理由での殺害事件は日常茶飯事であった。

敗戦国のドイツ国民に希望を持たせたナチス

このような状況になったドイツの中で「ベルサイユ条約体制の破棄」を主張するアドルフ・ヒトラー率いるナチス（国家社会主義労働者党）が勢力を伸ばした。六六年にわたって支払う賠償金、軍隊を一〇万人に減らし、海外の植民地とドイツ本土の周辺国への割譲を強いられたベルサイユ条約の破棄は、国民にとって魅力的であった。

さらにナチスは、ドイツ人に自信を持たせる宣伝も盛んに行った。その代表的な一つが「第三帝国」である。

第一帝国とは、九六二年にローマ教皇ヨハネス十二世から、ドイツ王オットー一世がローマ帝国の継承者として、皇帝に戴冠した時から始まる神聖ローマ帝国のことである。この帝国は名目上は一八〇六年まで続いた。

神聖ローマ帝国を引き継いだプロシャがドイツ統一を図り、一八六六年、オーストリアとの普墺《ふおう》戦争に勝利し、一八七一年のフランスとの普仏《ふふつ》戦争に勝利を勝ち取った帝国が「第二帝国」で、ナチスはその正統性を引き継ぎ「第三帝国」の建設を目指すとしたのだ。

これらの宣伝は、敗戦で打ちひしがれ、自信を失っていたドイツ国民の心に明るい未来を暗示した。ヒトラーの自信溢れた演説スタイルと相まって、ナチス党は一九三〇年の連邦下院の選挙では、それまでの一二議席から一気に一〇八まで議席を増やした。

そして一九三二年には第一党に進出し、一九三三年一月三十日にヒトラーはドイツ首相となった。このようにヒトラー政権は、圧倒的な大衆の支持を得て誕生したのである。ナチスは権力を握ると一党独裁を確立。国家の司法、行政制度を握り、ユダヤ人を排斥する人種法を公布した。

一九三五年、ヒトラーは公約どおり徴兵制度を復活させ、再軍備を開始した。ベルサイユ条約を破棄し、国民投票によってザール地方を取り返した。ベルサイユ条約で非武装地帯とされていたラインラントにドイツ軍を進駐させ、条約破棄の具体的行動を示した。ラインラントは、古くから文明が栄えた地域である。ケルン、マインツなどの都市が点在し、周辺地域の豊富な地下資源と、ライン川による物流でドイツの工業地帯として発展した地域である。

ヒトラーはオーストリアとチェコスロバキアを併合し、バルト海のメーメル港も手に入れた。一九三九年にイタリアと独伊軍事同盟を締結。一九四〇年九月二十七日には、日本も加えた日独伊三国同盟を結び、第二次世界大戦の枢軸国の原型を作った。

第一次世界大戦の敗北により、ドイツ経済の破壊で希望を失い、徹底的に痛めつけられた国民を鼓舞するために、ドイツ社会の近代化、国民生活の向上、生産性の向上を促進させ、大衆の支持を獲得するために懸命の努力を重ね、ナチスは人気取りの政治を行ってきたということができるだろう。

社会資本整備や再軍備に特別な赤字国債を原資として投資し、一九三三年からの世界最初の高速道路網アウトバーンの建設では、三五万人が直接・間接的に雇用されて失業者を吸収した。ナチス政権は、この高速道路網を国民が広く使えるように、安く高性能な国民車フォルクスワーゲンの開発を命じた。

ナチスは「国民は消費に励むべきであり、企業は雇用を増やすべきだ」と消費と雇用の拡大を説き、公共事業を展開する一方で、党組織を使って国民の意識改革を試み、得意の徹底したプロパガンダで国民の不況感を吹き飛ばしていった。

ドイツをたった二十余年でヨーロッパを席巻する強大国にしたヒトラーとナチスの背後には、圧倒的なドイツ国民の支持があった。その原点はナチスが恐慌克服に全精力を傾けたことにある。

多くの読者の常識に反することだと思うが、第二次世界大戦中、ナチス政権は最後まで総力戦、国民総動員の措置を取らなかったのだ。アメリカのランド研究所のドイツ戦時経済の実証的研究では、ドイツは降伏する二年前の一九四三年まで平時経済であった。

奢侈《しゃし》品を含んだドイツの消費財生産は、一九三九年を一〇〇とすると、一九四三年が九一、敗戦一年前の一九四四年になっても八四にしか下降していない。戦車や大砲などの軍需生産は一九四二年の半ば頃から上昇に転じ、一九四三年の終わりまでに二倍に増加している。英米空軍がドイツの大都市や大工業地帯を爆撃したにもかかわらず、一九四四年の後半まで上昇を続けていたのだ。

これに対してイギリスの経済指標は、一九三〇年を一〇〇とすると一九四三年、四四年は五四にしか過ぎなかった。ドイツがイギリス、アメリカ並みの戦争経済に近づいたのは戦争末期段階である。

このことからすれば、ナチス支配下のドイツは、一般にイメージされているように、隅々まで管理しつくされた抑圧体制、ゲシュタポと秘密警察の支配する全体主義体制一辺倒とはかなり違ったものであった。

ソ連と親密になっていったドイツ

第一次世界大戦の最中、ロシアではレーニン率いる共産党勢力が革命を起こし、ロマノフ王朝が崩壊した。レーニン政権は第一次世界大戦での連合国の立場を放棄して、何の前触れもなく戦線から離脱していた。

一九一八年三月に、レーニンはドイツと単独講和を結んだ。第一次世界大戦終了後、連合国側は共産主義の全世界的な拡大を恐れ、新興のソビエト連邦（ソ連）に対して、ソ連国境を含む広範な範囲に、ピーク時で一〇万人を超える軍隊を派遣した。その一環で日本もシベリアに出兵している。

第一次世界大戦の敗戦国ドイツは、ベルサイユ条約で国際社会から孤立させられたが、当時のソ連も世界の孤児として封鎖されていたのである。国際社会からはじき出されたドイツとソ連が急速に接近していったのも自然の流れであった。

ソ連を拠点とする国際コミンテルン運動は、ヨーロッパやアジアに浸透し、フランスの政治的混乱、スペインの人民政府樹立、中国共産党の台頭、日本共産党の設立などの成果を挙げた。

だがドイツにナチスが登場したことで、ドイツとの関係が変化する。再軍備を目指すドイツは、ソ連国内でトラクター工場を造って密かに新戦車の開発を図り、禁止されていた航空機製造もソ連国内で行った。

ソ連はドイツに石油や天然ガスなどの戦略物資を提供し、ドイツはソ連に最新の軍事技術や製造技術を提供するという協力関係にあった。

これを背景として、ソ連国内で新しい動きが始まった。スターリンという、ヒトラーに勝るとも劣らない独裁者が誕生したのである。

レーニンの死後、後継者となったスターリンは、一九二六年十二月の党大会で自らの権力基盤を固めるために、トロツキーなどの反対派約七〇人とレーニンの盟友のほとんどを党から除名し、主要な者たちを流刑地に追放した。とくにトロツキーに対しては厳しく、トロツキーは国外追放後滞在していたメキシコで、スターリンの送った刺客から、ピッケルで後頭部を打ち砕かれるという無残な殺され方をしている。

スターリンは、一九三四年までに党内の権力争いにほぼ勝利した。さらに猜疑心《さいぎしん》の強いスターリンは、トロツキーが帝政ロシア軍を母胎として創設した赤軍は、自分を裏切るかもしれないと、猜疑心とともに恐怖心を持った。

一九三七年から三八年までの間、赤軍に粛清《しゅくせい》という名の大虐殺旋風が吹き荒れた。元帥から旅団長以上の幹部と政治将校の四五％、高級将校の六五％が粛清され、赤軍全体で四万人以上が犠牲になり、赤軍は瓦解寸前にまで落ち込んだのである。

一方でスターリンは、社会主義計画経済の象徴とも言える五カ年計画を始めた。一九二八年から三二年までの第一次から、一九八六年から九〇年までの第十二次までである。五年間での目標を定め、生産、流通、分配の一切をこれに沿って行った。

この中では重工業が偏重され、国民生活に犠牲を強いたが、この計画の結果、ソ連は急速に工業国となった。重工業化そのものが、資源と人員を軍や軍事産業に集中させる巨大な動員計画になっていたのである。

ヒトラーとスターリンが持つ政治的リアリティー

ソ連政府は、第一次世界大戦後に連合国が国境付近に出兵したことなどで強い不信感を持ち、革命政府存続のために軍備増強が喫緊の課題となった。当初のソ連の潜在敵国は近接するポーランドであった。

一九三九年八月二十三日に、ヒトラーはソ連のスターリンと「独ソ不可侵条約」を結んだ。同時に、ソ連外相モロトフとドイツ外相リッベントロップが、欧州分割についての秘密文書を交わした。それによると、ソ連はドイツのポーランド侵攻に中立を守る見返りに、ポーランド東部、バルト三国、ベッサラビアなどを勢力圏に置くことが決められていた。

ドイツとソ連の不可侵条約は、当時の世界にショックを与えた。とりわけ大きな影響を受けたのは日本である。日本政府は、ソ連で発生した共産主義の世界への拡大を阻止するため、一九三六年十一月に日独防共協定を結び、ドイツとともに反ソ連勢力の結集を政治課題としつつ、ドイツとの軍事同盟をも討議しており、日本にとって独ソの関係は重要な意味を持っていた。

首相の平沼騏一郎は、日本政府を無視したドイツのやり方に驚き呆れ、八月二十八日「欧洲の天地は複雑怪奇」という声明とともに内閣を総辞職したのである。

これら一連の動きは、ヨーロッパの政治的駆け引きの中では歴史上繰り返されてきたことだ。平沼内閣はじめ日本政府は、このように冷徹なヨーロッパ政治の駆け引きの真髄を理解できていなかったのだ。

ドイツのヒトラー、ソ連のスターリンの両独裁者はともに、国益のためにはイデオロギーをさしおいてでも、互いに利用し合うという政治的リアリティーを持っていたのである。

ドイツは唯一欧州大陸に残ったソ連に侵攻した

独ソ両国は互いに利用し合っていたが、一九四〇年六月にフランスがドイツに降伏すると事態が一変した。欧州大陸を片付けたドイツにとって、残るのはソ連のみとなり、ソ連はドイツの仮想敵国第一位となった。

ドイツから見て、ソ連軍には多数の弱点がある。赤軍の大粛清は、現場指揮官である佐官クラスの多くも対象にされたので、戦闘機構以外の部門も弱体化していた。兵站《へいたん》、工兵、築城関連のスペシャリストがいなくなったので、生産された兵器が戦力にならないという異常事態が起こっていた。

つまり兵器を輸送する部門、配備する部門、メンテナンス部門などが機能しにくく、その上に軍は粛清によって萎縮しており、志気も上がらない。その結果、軍隊が組織的な壊死《えし》状態にあった。とくに機械化されるべき陸軍部隊と空軍が大打撃を受けていた。ソ連軍は独ソ不可侵条約によって、ポーランドを東から攻めたが、その時に投入した戦車やトラックの整備にもこと欠いていた。

一九三九年十一月、レニングラード防衛のためフィンランドに基地を構築する目的でソ連軍が攻め込んだが、ドイツ軍の最新装備を備えたフィンランド軍の強力な抵抗に遭い、苦戦を強いられた。ソ連軍は当時のフィンランド男性人口の五倍の兵士を投入し、フィンランド軍の五倍にも上る戦死者を出してやっと勝利できたのである。

スターリングラードの戦いでのソ連軍

これらの状況からヒトラーは、本気で対ソ連戦を決意した。ソ連の軍事技術の基本はドイツからもたらされたもので、ヒトラーはソ連軍の弱点を熟知していたのである。ある意味でソ連国内の粛清がドイツ軍を呼び込んだと言える。

だが、ドイツ軍の行動の正確な日時などが、ソ連上層部に情報として伝えられていたが、スターリンはそれを受け入れられなかった。

一九四一年六月二十二日、ソ連国境に集結した三〇〇万のドイツ軍が、三個軍集団に分かれて一斉にソ連領へ侵攻した。ドイツ軍の電撃的な進撃に衝撃を受けたスターリンは茫然自失となり、開戦から数日間は指揮を執ることができなかったとされる。

このため外務大臣モロトフが、ラジオを通じて独ソ開戦を国民に知らせた。スターリンが開戦後初めて国民向けの演説を行い、共産主義者でありながらも、旧来のロシア・ナショナリズムを掻き立てるような口調で徹底抗戦を呼びかけたのは開戦後半月も経った七月三日であった。

これらの事柄から導き出される、二十世紀最強の独裁者とされるヒトラーとスターリンの共通項は、まず第一に自らの政治的判断に対する常軌を逸した過信。そして、そうであるがゆえに現実が思いどおりにならなかった時の、判断機能の麻痺による修正不能状態が続くことであった。

この結果、想像を絶する犠牲者が生まれた。政治権力を集中させ、全能になったと錯覚する人間的な弱点が、大量の死者をもたらしたことになる。この二人の稀代の独裁者の存在がその象徴であろう。

ヒトラーとスターリンのような、国益のためにはイデオロギーを超えて、互いに利用し合うという政治的リアリティーは、日本的発想にはなく、日本の指導者たちと大きく違っていた。そして日本的な曖昧さと、物事に対する微温的な態度は、現在もなお変わっていないと言えるだろう。

〝ナチスの亡霊〟の如く現れたフォルクスワーゲンの不祥事

戦後、ナチスの作った異常な世界が、なぜ存続できたのかという研究が盛んに行われ、その結論の一つとして、ドイツ人社会に特有の「権威を重んじ、権威につきしたがうことを良しとする考え方」という権威主義が、根底にあるとされている。

文化は簡単に変わるものではない。それから七〇年を経た、二〇一五年九月、突如として〝ナチスの亡霊〟が現れ、世界を驚かした。

ドイツのフォルクスワーゲン社（ＶＷ）が、アメリカの排ガス規制をクリアするため、テストの時だけ排ガスを減らす不正なソフトを使っていたと認め、アメリカの環境保護局（ＥＰＡ）が公表したのである。

元々、ディーゼルエンジンは、燃費が良いことが大きなメリットだが、窒素化合物などの大気汚染物質を排出する問題があり、フォルクスワーゲン社などヨーロッパの自動車メーカーは、高い技術力で排ガス問題を解決したとされていた。

フォルクスワーゲン社などは「クリーンディーゼル」として、日本メーカーのハイブリッドエンジンと、自動車市場で激しくシェアを争っていた。フォルクスワーゲン社はテストの時だけ不正ソフトを使い、窒素酸化物などの排出量を減らす数値を出し、規制をすり抜けてアメリカ市場での販売台数を増やそうとしたのだ。

　世界全体で温室効果ガスの排出を制限する時代の流れを、根底から覆《くつがえ》す悪質な行為で、組織ぐるみの意思があったとするのが妥当だろう。フォルクスワーゲン社は、アメリカ国内での販売を中止したが、関連する車は一一〇〇万台に上るとされ、同社は顧客の信用を失った上に一八〇億ドル（約二兆円）の罰金が科されると報じられた。なぜフォルクスワーゲン社は、自分の首を絞めるようなことをしたのだろうか。

　フォルクスワーゲン社は、ナチス政権の国営企業として設立され、ヒトラーが一九三四年のモーターショーで提唱した国民車（フォルクスワーゲン）計画にともない、ポルシェ博士によって開発された乗用車が、国民車として登場したのである。

　戦時中、この国民車を製造するため、工場群と従業員の街が建設され、ヒトラー政権の厳しい統制経済下で、軍用車の製造に携わりティーガー戦車の開発製造にもかかわっていた。生産ラインには、近隣諸国から約二万人の強制労働者や戦争捕虜、後にはアウシュヴィッツのユダヤ人収容者が送り込まれ、過酷な労働を強いられていた。

　一九四一年十二月の日本軍の真珠湾攻撃により、アメリカが第二次世界大戦に全面的に参加すると、連合国はナチスドイツを徹底的に破壊し、ドイツ敗戦後は国家そのものも解体し、戦後のドイツは、ナチスドイツとまったく違った新国家が誕生した。ドイツはソ連圏に属する東ドイツと、西側資本主義国群に属する西ドイツに分かれ、東西冷戦の最先端にある国となった。したがって、東西ドイツには敗戦直後から再軍備が許され、西ドイツはナチスの軍制を引き継いだドイツ連邦軍が創設された。

その上、アメリカとイギリスは、東西冷戦を戦い抜くため、目先にあるドイツ人労働者の高い資質や技術をそっくり利用しようとした。当時最先端を走っていたナチスのロケットやジェットの技術、優秀な戦車を開発したフォルクスワーゲン社などが、イギリスの管轄下で残された。つまりナチスドイツで頂点に達した組織が手つかずに残され、ドイツの戦後が始まったと言っていいだろう。

フォルクスワーゲン社は、戦時中に軍の厳しい統制下にあり、個人の利益よりも集団の利益に価値を置く気風が強く残っていた。このような集団主義は、社会のため組織のため、皆が一丸となる良い側面がある一方で、集団のためには個人を犠牲にするという負の側面がある。権威主義的傾向が強いほど、是非を問うこともなく上からの方針にしたがいやすく、自己の能力を注いで必死に命令を実行しようと努力するのだ。

だがこのことは、ドイツの戦後処理と深い関連性がある。

戦後のドイツは、ナチスが解体されてドイツそのものが消失し、法的には東ドイツと西ドイツという、完全に新しい国家が創立された。戦後のニュルンベルグ裁判で、ユダヤ人虐殺が国策として行われたことが明らかにされたが、当時のドイツ人はユダヤ人虐殺をまったく知らされていなかったことになっている。

ナチスは選挙により、ドイツ国民の総意で合法的になった政権だ。だが国民が選択した政権が、国策を国民に開示せず、秘密裏にユダヤ人虐殺を行ったので、その責任はナチスにあり、ドイツ国民にないという理屈だ。

民主主義下で国民の責任は厳しく問われるべきだが、ドイツ国民は自己の責任を逃れたのである。そして、ナチスとは無関係の新国家で四〇年を経た一九八五年に、時の大統領ワイツゼッカーが西ドイツ議会で記念演説を行い、虐殺行為は当時の政府のナチスに責任があるとし、これがドイツ人の歴史認識として定着した。

つまり、新生ドイツ国民には責任はないとしたのである。したがってドイツは、国家との意思としてユダヤ人に賠償金を支払っているが、戦争相手国には一銭も支払っていないのだ。ナチス政権下に国策会社として誕生したフォルクスワーゲン社は、このような文化の中で事業を拡大してきた。

今回の事件は、七〇年経っても〝ナチスの亡霊〟がいまだに生き長らえ、その無責任さをさらけ出した典型的な例と言えるだろう。

イギリスの不決断が戦争に火を付けた
ヨーロッパでドイツを野放しにした融和政策の失態

イギリスはブロック経済圏を作り不況から脱却

第一次世界大戦は、戦場のほとんどがヨーロッパで、アジアは一部を除いて戦場とならなかったので、日本にとって極めて有利な情勢が作り出された。

日英同盟により連合国側で参戦した日本は、ほとんど犠牲を払わずにドイツの租借地青島《チンタオ》を陥落させた。

だがヨーロッパでは戦争が長引き、各国とも産業を軍需主体に転換させていったが、それでも間に合わず、大戦二年目の一九一五年から、日本から軍需品を輸入していた。

ヨーロッパから日本に、銃器、弾薬、弾丸、輸送船、軍服から軍靴、銅、澱粉、豆類にいたるまでの注文が殺到した。さらにはドイツなどが得意としていた分野である塗料などの化学製品、薬品までも日本が製造して輸出。製鉄や造船、製薬にいたるまでの日本の近代産業分野は、この時代に基礎ができたのだ。このことは、ヨーロッパの経済がそれだけ疲弊《ひへい》していたということである。

第一次世界大戦後のヨーロッパは、戦争で破壊された経済をどのように立て直すかが最大の課題であった。この過程で、各国ではさまざまな経済再生策が練られ、指導者たちも躍起になったが、あまりにも悲惨な状況のため、国益と大義のバランスが取れず、ヨーロッパ各国の指導者たちにも官僚的無責任が横溢し、第二次世界大戦に引きずり込まれていった。

こうした状況の中で、イギリス政府は「無作為」を貫いた。イギリスは、第一次世界大戦後に起こった経済破綻と、世界恐慌からの脱却を目指した緊縮財政の実施、金本位制の停止、保護関税の導入などの対応策に続き、一九三二年七〜八月にカナダのオタワで連邦経済会議を開催し、大英帝国内部で相互に輸出入関税率を優遇し合う特恵制度を導入。金本位体制に代わる国際通貨圏をポンドの影響力の強い植民地や自治領地域で構築するブロック経済体制を作り上げた。

だが、これらの政策はイギリスが十九世紀以来築き上げてきた、国際金本位制＝ポンド制（事実上イギリスのポンドが世界基準通貨とされていた）と、圧倒的な工業力で世界経済を支配した自由貿易主義を、放棄せざるを得なくなったことを意味しており、イギリスの覇権国としての地位が保てなくなったことを示していた。

しかし、これで何とか世界帝国としての体面を保つ経済体制の構築に成功。やっと世界恐慌を乗り切ることができたのである。これにより一九三〇年代後半のイギリスは保守党政権下で安定期を迎えることとなった。

宥和政策でドイツを宥め続けたイギリス

ヨーロッパ大陸では、ヒトラーの台頭で緊迫の度合いを深めていたが、ドーバー海峡を挟んだイギリス本国の反応は鈍く、当時のボールドウィン首相らの関心を集めたのは、アメリカ人のシンプソン夫人との結婚を熱望した国王エドワード八世の処遇であった。

「王冠をかけた恋」ともてはやされたこの顚末は、結局国王は退位して恋に走って幕を閉じた。

このようにイギリスは国内問題に引きずられ、一九三六年七月からのスペイン内戦から、第二次世界大戦の発端となったドイツのポーランド侵攻まで、ヨーロッパで進行した問題に、イギリスの外交政策は行動がともなわない鈍い対応しかできていなかった。

後になって「宥和政策《ゆうわ》」と言われたイギリスの外交政策は、ナチスの言い分を極力受け入れて宥《なだ》め、対立を避けることを大原則としていた。

その担い手となっていたのが、ボールドウィンからチェンバレンへと続いた保守党内閣だ。ナチスが急速に再軍備を進める中で、イギリスは世界恐慌対策などで手いっぱいだったことと、それにともなう財源不足などが重なり、軍備増強がままならないという認識が対立回避の背景にあった。

もっとも強力な圧力となったのは、当時のイギリス国民であった。第一次世界大戦で疲弊した国民の間に厭戦気分が蔓延し、一九三四年にボールドウィン内閣時代の蔵相チェンバレンが提案した、防衛費増強案に国民の間で反対運動が起こった。

軍備増強は国民生活を圧迫するとして、再軍備反対の平和運動の署名活動には一一〇〇万人が署名。ナチスに対抗するには、軍備よりもソ連やフランスと共同する外交政策が必要だとする世論が、圧倒的多数を占めたのである。

このため、ボールドウィン首相は近づく選挙を考慮して、政策を軍備増強しない方向に切り替えざるを得なかった。だが、その間ヨーロッパ大陸の状況は刻々と深刻度を増していた。

一九三五年には、イタリアがエチオピアに侵攻し、イギリスの死活を握る地中海が危機に陥った。もう一つの危機はスペイン内戦だった。一九三六年七月、イタリアのムッソリーニとドイツのヒトラーに通じたフランシス・フランコが右派軍を従えて、ソ連に支援された左派の人民戦線政府に攻撃を仕掛け、反乱を起こしたのである。

フランコが独裁政権を樹立させる以上に、共産主義政権の出現を恐れていたイギリスは、スペインの内戦開始とともにフランスがこの内戦に対して不干渉を列強各国に呼びかけると、イギリスはこれに飛びついたのである。

不干渉条約は、一九三六年にイギリス、フランス、ドイツ、ソ連などが調印し、国際不干渉委員会が発足した。このスペイン問題を巡る一連のイギリスの動きは、イギリスの宥和政策の始まりであった。

しかし、この不干渉政策はまったく機能しなかった。第二次世界大戦後公開された資料によれば、ドイツは不干渉条約に調印した翌日には、陸軍の特殊工作担当将校にフランコ支援の密命を下していた。

その後ドイツはイタリアとともに輸送機、爆撃機などをフランコに提供。ピカソの絵で有名な、ゲルニカ無差別爆撃もこの支援を受けたものである。

イギリスの宥和姿勢は、ヒトラーとムッソリーニを勇気づけ、ボールドウィン首相の後を受けたチェンバレン首相は、ヒトラーを宥める姿勢を示した。イギリスの保守党政治家の中には、ドイツに対するベルサイユ条約が過酷すぎたという認識があり、できるだけ言い分を聞こうとする傾向が強かったこともある。

その間、スペインの戦況はフランコ勝利が決定的となった。一九三八年にはドイツがチェコスロバキアのズデーテン地方に住む三〇〇万人のドイツ系住民を保護するとの口実で侵攻を計画していた。

それでもチェンバレンは、ナチスを宥めるように努力を続け、自らドイツに二度飛んでヒトラーを説得したばかりか、一九三八年九月にヒトラーがミュンヘンで、イタリアのムッソリーニ総統、フランスのダラディエ首相も加えた四者会談開催を呼びかけると直ちに同意した。

戦争を回避したいチェンバレンは、チェコに「ズデーテン地方のドイツへの割譲を無条件で受諾しない場合、チェコスロバキアの運命に関心を持たない」と通告した。当事者であるチェコが除外された会議で、ドイツへズデーテン地方の割譲が認められ、チェコはイギリス、フランスから見捨てられたのである。

当時のチェコスロバキアは軍備も充実しており、ドイツ軍に対抗できる状態であった。もしイギリスとフランスが軍事同盟を結び、対独戦も厭《いと》わないと脅しをかければ、チェコ侵攻は防げた可能性もあった。にもかかわらず、チェンバレン政権は宥和政策にこだわり続けたのである。

消極策のイギリスはドイツに立ち遅れた

イギリスは、第一次世界大戦後の後遺症で、再軍備が思うように進んでいなかった。当時、イギリスは五年間で五億ポンドの軍事費増強の予定であったが、海を渡ってドイツ軍が攻め込んでくることは想定しておらず、もっぱら空からの爆撃を想定し、空軍力の増強を最優先していた。

そのため、自動車工場などを航空機工場に造り替えていたが、現実には予算は失業者対策的な意味合いも強く、航空機製造には完全に予算が回っていかない状況だった。

さらに言えば、陸軍の軍備増強計画の優先順位は低く置かれていた。陸軍は大陸への派兵を主張していたが、近代戦を戦えるような戦車や火砲などが圧倒的に不足しており、ドイツに対抗することはかなわない状況であったのだ。したがってチェンバレン内閣としては、宥和策を採りながら時間を稼ぐという現実的な選択肢しか考えられなかったのである。

一九三八年九月には、チェンバレンはミュンヘン郊外の山荘にヒトラーを訪ね、ヒトラーにチェコ侵攻はしないと約束した文書にサインをさせた。会合から帰国したチェンバレンは空港で、われわれの時代の平和が確保されたとして、その文書を証拠として掲げた。だが、これら一連の宥和策は間もなく破綻する。

一九三九年に入ると、ヒトラーは積極攻勢に出た。まずハンガリー政府に対してハンガリー人が住むチェコスロバキア領を占領することを指示。スロバキアの民族主義者にはチェコからの独立をけしかけた。

三月十四日、国家解体の危機に直面したチェコのハーハ大統領は、ベルリンに急行してヒトラーに面会して事態打開を図るが、逆にヒトラーから脅迫されてドイツの保護領になることを約束させられてしまった。翌十五日午前にはプラハにドイツ軍が侵入し、チェコスロバキアは独立を失ったのである。

チェコスロバキアは第一次世界大戦後、オーストリアの解体によって独立。ナチスが占領するまで高度な産業を持つ民主主義体制を維持していただけに、抵抗もせず占領されざるを得なかったことが戦後も国辱として残った。

一九九六年、分裂後のチェコをエリザベス女王が訪問した時、ミュンヘン会談に触れてチェコ国民が抱く屈辱感を理解し、共感すると述べて和解を求めている。因《ちな》みに、当時のチェコは軍事技術にも長けており、中でもチェコ製の機関銃の性能は高く評価されていた。ドイツ軍は侵攻後これらの技術を手に入れ、なお一層軍備充実を図っている。

ドイツのチェコ侵攻後、チェンバレンは戦争準備を整えるように号令をかけた。イギリス全土で防空壕が掘られ、戦争に対するイギリス国民の意識が高まった。

さらにチェンバレンは、ヒトラーを抑え込もうと、フランスと組んでソ連との軍事同盟を求めてモスクワに使節団を送った。だが、その間ドイツはソ連と不可侵条約を結び、チェンバレンの努力をあっさりと無力化してしまったのである。

そして一九三九年九月一日、ドイツ軍はソ連の黙認の下にポーランドに侵攻。そして三日には、イギリスはドイツに対して宣戦布告することとなったのである。しかし、急激な戦争態勢作りはうまく機能せず、ダンケルク海岸に追い詰められたイギリス軍は、ドイツ軍に大陸から追い落とされる結果となった。

以降、アメリカが本格的に参戦するまで、イギリスは窮地に立ち続けたのである。第二次世界大戦後の世界は、アメリカが世界の主役となって、ピーク時には世界人口の四分の一を支配した世界大国としての大英帝国は、終焉を迎えたのである。

第二章
開戦時の戦争指導者たちを誤らせた組織的欠陥

現在の真珠湾に面する公園

中央との意思疎通が欠けていた関東軍

ノモンハン事件の教訓を活かせず戦争に突入した日本

前哨戦のノモンハンで敗れた関東軍

第一次世界大戦後、日本陸軍が初めて近代化された軍隊と戦ったのは、ソ連軍との衝突である。

一九三八年七月、ソ連と満州国の国境付近の張鼓峰《ちょうこほう》で、日本軍とソ連軍の武力衝突があった。国境の不明確なこの地域で、ソ連軍が張鼓峰に進出した。日本はこれを国境侵犯だと抗議し、担当の第一九師団も警備を強化した。

この緊張の中で、日本の監視兵が射殺されたことを切っ掛けに、七月二十九日から戦闘が始まった。しかし第一九師団は、大本営の不拡大方針により一部のみで対処せざるを得なかった。

これに対しソ連とモンゴルの連合軍は、二個師団と戦車、飛行機を集中して日本軍を圧倒し、第一九師団の一個連隊が壊滅する大打撃を受けた。

当時のモンゴルは、ソ連以外で初めて社会主義政権が成立し、ソ連との関係を深めていた。だが民族派は、国内では社会主義だができるだけソ連の影響を排除し、民族独立を果たそうとした。だがソ連のバックアップを受けた一派との権力争いで敗北し、モンゴル国民のほぼ三〇人に一人という、二万九〇〇〇人もの大量粛清《しゅくせい》があった直後であった。

ソ連はモンゴルを完全に手中にし、日本軍との戦闘にモンゴル軍を利用する体制ができつつあった。そしてモンゴル軍を実戦に参加させ、支配体制を完璧なものに仕立て上げる必要があった。

この流れの中でソ連は、一九三六年にモンゴルと「相互援助条約」を結び、モンゴル内にソ連軍を常駐させていた。ソ連はドイツの技術を導入するようになって、高性能の戦車や装甲車、火砲、航空機を自前で生産でき、その戦術も空陸一体化したドイツ流の電撃戦が可能な状態であった。

張鼓峰での武力衝突は、ソ連がモンゴルを支配するために必要な過程の一つであり、ソ連製近代兵器を実戦で試す戦術でもあった。したがって相当規模の戦力を投入してきたと言える。

この戦いは、動員兵力はソ連軍三万人に対して日本軍九〇〇〇人。死傷者は日本軍一五〇〇人、ソ連軍三五〇〇人であった。日本軍の死傷者数はソ連軍より少ないが、死傷率は一七％弱でソ連軍の死傷率一一％強を上回っていた。だが、一九三八年八月十一日のモスクワでの和平交渉で、一応の解決を見た。

暴走する関東軍に手を下せない陸軍中央

現地の日本軍である関東軍は、この数字を歩兵中心の戦闘しかできない日本軍に対して、ソ連軍が戦車、装甲車、航空機を一体運用する、装甲機械化部隊を中心とした差だとは考えず、不拡大方針を採った東京の陸軍中央部に責任があるとした。

関東軍は陸軍省の考えに不満を抱き、断固とした対応を強調した「満ソ国境紛争処理要綱」を独自に策定した。

この要綱は関東軍参謀の辻政信《つじまさのぶ》少佐が起草し、植田謙吉《うえだけんきち》関東軍司令官が、その指揮下にあったすべての軍司令官、師団長に示達した。要綱では「国境線明確ならざる地域においては、防衛司令官において自主的に国境線を認定」「万一衝突せば兵力の多寡、国境の如何《いかん》にかかわらず必勝を期す」として、日本側主張の国境線を直接軍事力で維持する方針が示され、国境線維持には断固とした態度を示すことが、かえって安定に繋がるとしていた。

東京の大本営の作戦課は、戦時軍隊を指揮する最高の軍事機関である。中国とも戦争している中、ソ連と問題を起こさないよう「ソ連から侵されても、こちらからは侵さない。紛争不拡大を堅守せよ」と命じていた。

辻政信ら関東軍参謀が作成した要綱はこれに真っ向から反対するものであった。この処理方針に基づいた関東軍の独走、強硬な対応が、次のノモンハン事件での紛争拡大の原因の一つである。

日露戦争後、南満州鉄道の権益を獲得し、その鉄道守備隊として発足した関東軍は、日本政府とは別の独自の権限を与えられるようになっていった。一現地派遣軍でしかなかった関東軍が、日本政府の意思を無視して、満州を支配するために張作霖《ちょうさくりん》を爆殺するなど、陸軍中央の許可なく独自で軍事行動していくが、これを政府や軍中央の方針から逸脱した軍規違反として訴追されることはなかった。

この要綱は東京の大本営に正式に報告されたが、大本営は意思表示も、確たる評価もしていなかった。軍の中に違った方向を見る組織があることに、断固とした処置を取れていないのである。

この状況は、本部と現場の意思疎通がないことで、近代戦に必須とされる総力戦態勢が採れないという弱点を露呈しており、組織としては最悪の状態であったことを示している。

日本軍の統制されていない警備状況の中、国境線付近で多数の小競り合いが発生し、一九三九年中だけでも二〇〇件に達していた。

そもそも満州国とモンゴルの認識する国境線が食い違っていた。日本と満州国側はハルハ河を国境とし、ソ連・モンゴル側はそれより約二〇キロメートル東のノモンハン近傍を通る線を国境と主張していたのだ。

ノモンハンは遊牧民たちが包《パオ》の群落を作る場所で、定住の村落ではなく、地形は砂漠地帯だが戦車や自動車が自由に行動できる草原を含んでいる。

事件は一九三九年五月に勃発し、次第にエスカレートしていった。最初は数十人の満州国警察部隊と、数十人規模のモンゴル騎兵部隊の小競り合いだった。これが関東軍と極東ソ連軍の大規模な戦闘に発展したのだ。

この年の七月、日本と満州国が主張する国境線のハルハ河を越えて、関東軍がモンゴル領に侵入するが撃退されている。以降の地上戦はハルハ河と、ソ連とモンゴルが主張する国境線の間の紛争地域内で行われた。

遮蔽物のない草原を疾駆する日本陸軍の戦車隊

紛争地域の長さは、ハルハ河に沿ってほぼ南北に六〇～七〇キロメートル、幅はハルハ河から東に向けて平均一三キロメートルである。戦闘には大量の航空機、戦車、装甲車が投入されるが、これらの近代兵器を活用するにはかなり狭い戦場だ。この限られた戦場に投入された戦力は双方合わせて延べ一六万人に上る。

八月二十日には、ジューコフ将軍の指揮するソ連・モンゴル連合軍は、戦車五〇〇輛、火砲五〇〇門余を含む五万七〇〇〇人余の兵力を投入して総攻撃を開始した。

ソ連・モンゴル連合軍は日本軍の二～三倍に達する圧倒的な兵力で、それだけに破壊効果は絶大だった。ハルハ河東岸ホルステイン河の南北の拠点に布陣していた日本軍第二三師団は、降り注ぐソ連軍砲火に分断され粉砕された。

日本軍も戦車部隊を出動させるが、その大きさやスピード、戦車砲の火力とも比較にならない差があった。戦いの後半には性能に劣る戦車を引っ込め、夥《おびただ》しい数のソ連の大型戦車に、日本軍歩兵は勇敢にも火炎瓶で立ち向かった。

ソ連軍戦車はＢＴ５というタイプで、ガソリンエンジンを装備しており、火炎瓶によって引火したのだ。この火炎瓶も指揮官から命じられたものではなく、兵が自主的に作ったものとされている。

だが文字通りの肉弾戦では犠牲者も多く、半数以上が戦死。ソ連軍はガソリンエンジンの弱点を知り、その直後から火炎瓶では発火しにくいディーゼルエンジン装備のＢＴ７戦車に入れ替えた。

しかし、日本軍幹部はＢＴ７戦車に対しても同じ戦法を繰り返し、戦果が上がらないまま戦死者のみが増える不毛な戦いとなっていた。この現実の前で陸軍首脳は、かつての肉弾で物量に対抗した軍人精神の成功体験にしがみつくのみで、尋常な判断ができなくなっていた。

戦車に素手で立ち向かう惨烈な戦況の最中に、いくつかの無断撤退事件が起こった。二十四日、ホルステイン河沿いの高原地帯に展開していた井置《いおき》支隊、二十六日には ノロ高地の長谷部《はせべ》支隊が玉砕寸前に陣地を捨てた。バルジャガル高地の山県《やまがた》支隊は二十九日まで耐えたが、脱出する途中で全滅。後に井置、長谷部の両支隊長は自決させられた。

同様なことは航空戦でも起こった。当初、ソ連側はＥ15という複葉機を出撃させたが、日本側の単葉モノコック機体の九七式戦闘機の軽快な動きが圧倒した。次にソ連軍が投入したのがＥ16単葉機だ。Ｅ16と九七式戦闘機との空中戦も、ソ連側が旋回性能で劣ることに気づかないうちは日本機が圧倒的に有利だったが、それに気づいたソ連軍は、九七式戦闘機に遭遇すると高度を目いっぱい上げて急降下する、一撃離脱戦術に戦法を変え、逆に日本軍戦闘機を圧倒するようになった。その上で新部隊を次々と送り込み、数の上でも圧倒してきたのである。

一方、日本軍は四〇度を超える気温に水も十分になく、夜になると無数の蚊に襲われて、睡眠もできない劣悪な環境の中で疲労も極限に達した。このような環境の中で長期間戦いを強いると、戦死する確率が高くなるのは当然だ。

陸軍の航空部隊は交代要員がなく、経験があり腕の良い、中隊長クラスのパイロットのほとんどが戦死していったのだ。

にもかかわらず、関東軍司令部は状況を変えようとしなかった。日本陸軍の航空部隊が第二次世界大戦で活躍できなかった最大の原因は、ノモンハンの航空戦で指導教官ともなるべき人材を、多数戦死させてしまったからだと言われている。

これらの点から、日本軍は中央と前線の意思の疎通が図れておらず、現地指揮官は限られた情報収集で、狭隘《きょうあい》な視野からしか戦闘を見ることができず、思い込みと妄想の中で戦っていたと思えてくる。

一方のジューコフ将軍は、モスクワのスターリンとも綿密な連絡を取りつつ戦いを進めていた。このことはソ連崩壊後に公表された資料で確認できる。またその資料によると、張鼓峰事件とノモンハン事件でのソ連側の損害は、実は日本側を上回っていたが、ソ連側の目的は達せられており戦略的にはソ連の勝利と評価されている。

参謀・辻政信に見る学歴偏重の功罪

当時ソ連は、ゾルゲや尾崎秀実《おざきほつみ》などのスパイ活動により、日本の国家方針に北進はなく、ノモンハンの戦いも日本がソ連領へ本格的に攻め入ることはないと見ていた。

だが極東軍をヨーロッパに回して、ドイツとの戦争準備に入るのも不安が残るため、「日ソ不可侵条約」を結んで政治的に日本を縛り、軍事的には国境紛争を理由にして、局地的な大規模攻勢を仕掛けて正面の日本軍を殲滅《せんめつ》する戦略を立て、短期戦を想定した準備が着々と進んでいたのだ。

ところが、日本軍は現地軍参謀の一少佐でしかない辻政信が、ノモンハン事件の主要作戦に参画し指導したのだが、戦後に発表された辻の手記『ノモンハン』（原書房）によると、辻自身も関東軍の幕僚もノモンハンの地名も聞いたことはなく、地図の境界線付近を虫眼鏡で捜したというのである。

国境紛争が頻繁に起こっていた中で、辻は参謀としてソ連とモンゴル軍が侵攻してくる想定もしていなかったのだろうか。そうだとすれば「満ソ国境紛争処理要綱」は無責任に組み立てた、机上の空論以外の何物でもないのだ。

関東軍参謀・辻政信少佐

辻は作戦の基本構想は長期戦を前提としていた。その根拠としてソ連軍は最寄りの鉄道駅から七〇〇キロメートル余りも離れたノモンハンに、大軍を集中できるわけはないという思い込みがあったのだ。

ソ連軍は月のない夜中にトラックにサウンド・システムを積み、木材を運搬するように偽装し、鋸《のこぎり》で木を切る音などを流し、いかにも陣地を構築しているように見せ、八月に大攻勢をかけることを欺瞞《ぎまん》工作で秘匿《ひとく》していた。

これらの情報から、ソ連軍は攻撃ではなく防備に入ると関東軍首脳部は見たため、増強も兵器の更新も怠ってアッサリと潰されてしまったのである。

ノモンハンの戦闘はソ連の思い通りの戦いとなり、一九三九年九月十六日に停戦合意にいたる。この四カ月にわたる戦闘で、日本軍の死傷は一万八〇〇〇人で、死傷率は実に七六％にも上った。これは後のガダルカナルでの死傷率三四％をはるかに上回る数字である。

ノモンハン事件は日本軍の戦略的視点のなさ、現地参謀が暴走し中央との意思疎通の欠如、国際情勢への認識不足が浮き彫りになった戦いであった。

しかし、戦闘の実態は隠匿され、二年後にはこの教訓が生かされることもなく太平洋戦争に突入してしまった。それだけでなくソ連軍をはるかに凌ぐ能力を持ったアメリカ、イギリス軍を相手に、桁違いのスケールで戦闘が展開したのである。

辻はノモンハン事件敗戦の責任を負うべきであったが、やがて東京の大本営参謀に栄転し、太平洋戦争開始時の陸軍の作戦を主導的に指導していった。

戦争全般に対しても、作戦指導と称してガダルカナル、インパール作戦など数々の失敗の原因を作っていく。辻はバンコクで終戦を迎え、彼を捜索するイギリス軍から逃れて中国に渡り蔣介石《しょうかいせき》の国民党軍に匿《かくま》われている。

一九四八年に日本に帰るが、戦犯の訴追から逃れるために潜伏した。戦犯指定から逃れると手記を発表してベストセラー作家になり、政治家に転身して衆議院議員から参議院議員となり、一九六一年にラオス北方のベトナム国境付近で消息を絶った。

辻は名古屋陸軍地方幼年学校、陸軍士官学校を首席で卒業し、恩賜《おんし》の銀時計を拝領している。陸軍大学校では三番の成績で卒業して恩賜の軍刀を拝領したという。

戦後にアメリカの情報機関などが辻に接近したが、「政治にも情報工作にも性格と経験のなさから無価値」と判断されており、作家の半藤一利《はんどうかずとし》氏は議員時代の辻を取材し「絶対悪というものが出現存在する気配にとらわれた」としている。

成績を偏重する軍の中で、辻はエリートであった。こうした問題のある人物を重要ポジションに就けた軍そのものに、根本的な問題があるに違いない。

現在の日本では学歴偏重の改革が言われて久しいが、今もなお官僚制度では、その改革を先送りして成績偏重主義のままであることに、不安を感じるのである。

国家に汚名を着せた外務省の不手際

宣戦布告が真珠湾攻撃後となった大使館員の大失態

戦術的には完璧だった真珠湾攻撃

七〇年以上前の真珠湾攻撃で、日本海軍は主力空母六隻を投入し、大規模攻撃を実現可能にした。

世界最新鋭の航空母艦とゼロ戦一二〇機、九九式艦爆一三五機、九七式艦攻一四四機など四〇〇機以上の艦載機のすべてを国産で備え、日本本土から数千キロ離れた敵の大基地を壊滅させる。この作戦の是非についてはいまだに議論が続いているが、この真珠湾攻撃作戦に関する限り、総合的な技術力、組織力は世界各国の軍関係者から大いに評価されている。

現在でも純国産の航空機と航空母艦を揃え、運用できる国は極めて少なく、アメリカとフランスだけである。フランスは二〇一五年十一月、パリで同時多発テロを引き起こしたイスラム国に対して、シリア沖から空母艦載機が空爆を実施した。ロシアは実質的な空母運用はできていないし、実戦運用した経験がない。

イギリスはかつて本格空母を持ち、第二次世界大戦後のジェット機時代に適応した、強力な蒸気カタパルトと飛行甲板を斜めに横切るアングルド・デッキなどを開発した。だが国力が衰え、一九七八年のアーク・ロイヤルの退役を機に正規空母の運用を停止している。

インド、ブラジル、スペイン、タイ、中国など、いくつかの国は空母またはそれに近い艦艇を持っているが、現在もなお自前の空母を造れるわけではない。

真珠湾攻撃は一九四一年十一月中旬に、南雲忠一《なぐもちゅういち》中将指揮の第一航空艦隊を基幹とする機動部隊（空母六、戦艦二）が一隻ずつばらばらに瀬戸内海から移動し、十一月二十二日に北方領土である千島列島択捉島《エトロフ》の単冠湾《ヒトカップ》に集結することから始まる。

好天の日、真冬の単冠湾上空を、当時のソ連の軍用ヘリで飛んだことがあるが、湾はこれだけの大艦隊が結集するのに十分な広さがあり、波風もなく海上は鏡のように平らであった。択捉島の断崖絶壁から滝が数条流れ落ちており、風光明媚《ふうこうめいび》であると同時にいかにも人の目の届かない場所という雰囲気だ。まさに大艦隊が極秘に集結する

真珠湾への進撃ルート

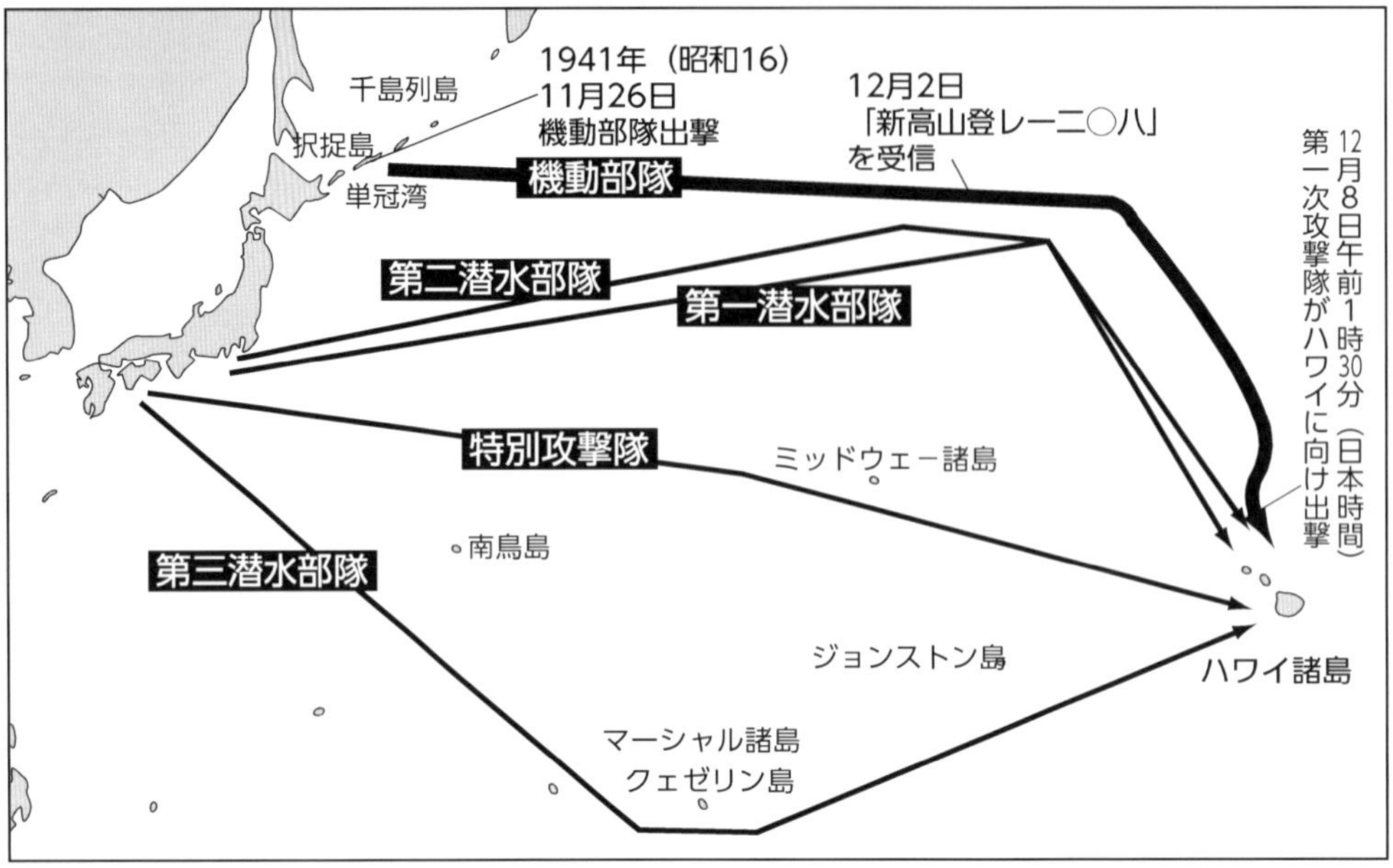

のに最適の場所だと感じた。

機動部隊は十一月二十六日に、ハワイを目指して出航したが、奇襲のため隠密行動が必須だった。連合艦隊では過去一〇年間に太平洋を横断した船舶の航路と種類を調べ、その結果十一月から十二月にかけては、北緯四〇度以北を航行した船舶が皆無であるのを発見。アメリカ軍基地航空機の哨戒《しょうかい》線からもっとも離れていること、アメリカ軍の空母機動部隊はこの方面の哨戒を行っていないなどの理由が重なり、荒天が予想されたが最短距離でもあり、秘匿性が高いとの判断でこの北方航路が選ばれたのだ。

事実、航海中遭遇した船舶、航空機は皆無であったという。ハワイ北方海域に達していた空母から発進した攻撃隊が十二月八日未明、午前三時十九分（ハワイ時間七日午前七時四九分）真珠湾に突撃を開始。オアフ島のフォード、ヒッカム両飛行場を爆撃し、雷撃隊が軍港の戦艦群に襲いかかった。

第一次、第二次の合計三五〇機の航空部隊による二時間弱の攻撃は、ハワイ時間午前九時四五分に終了。この結果、真珠湾に停泊していたアメリカ海軍の戦艦八隻のうち五隻を沈め、三隻を撃破、飛行機一八八機を破壊し、二三一機を使用不能とし、アメリカ側の死亡者は一般人を含む二四〇二人である。

対して日本側の損害は、飛行機二九機と特殊潜航艇五隻、未帰還搭乗員五四人に過ぎず、おそらく第二次世界大戦中でも単一のバトルとしては最大の勝利を記録したと言えよう。

「騙し討ち」として利用したアメリカ

奇襲は成功してから初めて「奇襲」となり、相手国民に与える精神的ショックは大きい。真珠湾攻撃を起案した連合艦隊司令長官山本《やまもと》五十六《いそろく》の基本的目標は「開戦劈頭《へきとう》、敵に大打撃を与え、アメリカ国民の戦意を喪失させる」ことにあった。

そして有利な状況で和平交渉し、政治的な意味での勝利に繋げることにあった。だからこそ、緻密な作戦を積み上げて奇襲を成功させ、戦術的には未曽有の戦果を収められたのである。

言い換えれば、真珠湾攻撃の成功はプロシャの戦略家フォン・クラウゼヴィッツの古典的名著『戦争論』の中で述べられている奇襲の定義「奇襲はその持つ心理的効果が絶大であるため、一つの独立した戦略的要素として優位確保の手段となり得る。とくにそれが雄大なスケールで展開されるならば敵の意表を突き、その士気を低下させることができる」という戦略的合理性に根拠を置いていたと言えるのだ。

山本は在米日本大使館付駐在武官を務め、アメリカの国力と国土の広さを知悉《ちしつ》していた。対米戦に勝利することが不可能であることは十分承知の上で、日米開戦にいたっては、軍人として取り得る手段はこれしかないと思い込んでいただろう。しかし、この勝利は戦略目標であるアメリカを和平交渉に引きずり出すことができなかった。

真珠湾攻撃の被害詳細が報道されると、アメリカ国民にショックは与えたが、それは直ちに怒りとなった。あのイエロー・バスター（黄色い野郎ども）が、事前に宣戦布告もせず、外交交渉による欺瞞工作で時間を稼ぎ、卑劣極まる騙《だま》し討ちを計画的に実行したという点に、全アメリカ国民が激怒したのである。

当時ヒトラーと死闘を繰り広げていたイギリスのチャーチル首相は「これでアメリカを戦争に引きずり込める」と狂喜した。

大恐慌からまだ完全に立ち直ったとは言えず、国民の厭戦《えんせん》気分を持て余していたルーズベルト米大統領は「騙し討ち」を最大限に利用して挙国一致の参戦態勢を一気に作り上げた。

この真珠湾攻撃を回顧する時、意図に反した結果を招くものだというのが歴史の教訓である。真珠湾の大勝利が、アメリカ国民と世論に与えた衝撃ほど、その結果と意図のギャップを示す教科書的実例は他に類がないほどであろう。

戦後貿易摩擦などで日米関係がおかしくなった時に、決まってアメリカ側から「Unfair（不公正）」「Free Hand（ただ乗り）」「Liar（嘘つき）」という言葉が日本側に突き付けられる背景には、この真珠湾での「卑劣な騙し討ちを平気でやった日本人」という対日観が深く根を下ろし、「原爆投下は真珠湾の仇討」とする感情がアメリカ人の中にあるのも事実だろう。

海軍苦心の戦略を無にした駐米大使館の怠慢

日本の対米宣戦布告が遅れて出されたことが、広く日本国民に知られたのは東京裁判（極東国際軍事裁判）の時である。この法廷でアメリカ側の検事が真珠湾攻撃を「宣戦布告前の殺人である」として訴追した。

この言葉は戦争当時、一般のアメリカ人が日本人に対して抱いていた感情がストレートに出たものと言えよう。

開戦前に日本政府はワシントンの駐米大使館を通じ、アメリカ政府に外交関係を打ち切る文書を手渡すことは、十二月六日の軍と政府の連絡会議で了承されていた。国交を打ち切るということは最後通牒《さいごつうちょう》となり、戦争状態に入るということだ。

これは日本時間の一九四一年十二月七日午後四時に発信し、野村吉三郎《のむらきちさぶろう》大使からハル米国務長官に手渡すのは、翌八日午前三時と期間を区切っていた。八日午前三時はハワイ時間では七日午前七時半、ワシントン時間では午後一時に当たり、真珠湾攻撃開始予定の三〇分前である。これが正確に実行されていれば、アメリカ人の日本人に対する感情も違っていたと思えるし、それよりも、戦後日本人の間に強く残った自虐史観の感情からも早く抜け出せることにもなっただろう。

だが、日本政府からのすべての暗号電報を日本大使館担当員が解読し、英文に浄書できたのは、当日の午後一時五十分頃で、その文書を携えて野村吉三郎と来栖三郎《くるすさぶろう》両大使がアメリカ国務省に到着したのが午後二時五分である。

当時のハル米国務長官は両大使を待たせ、日本大使が文書を渡すことができたのは指定時間から一時間二〇分も遅れたのである。海軍の真珠湾攻撃は最後通牒の手交から三〇分後に開始するのが最重要な戦略であり、この時間を守らねば、日本が突然アメリカに対して国家的な暴虐を加えたことになってしまうのだ。

前夜は送別会で飲んでいたお気楽書記官

この事実はどうあっても覆《くつがえ》ることはなく、外務省の大失態であることは間違いない。では、このタイムラグはどのようにして起こったのか。東京裁判等で明らかにされた事柄を基にすれば以下のとおりである。

当時の外相東郷茂徳《とうごうしげのり》の名で駐米大使野村吉三郎宛に、暗号化された電報「昭和十六年十二月六日東郷大臣発野村大使宛公電第九〇一号」が発せられ、ワシントンの日本大使館に届けられたのが、現地時間十二月六日午前であった。

この中では対米覚書が決定されたことと機密扱いの注意、手交できるように用意することなど、次に送られる電報に対する注意がしたためられており、通称パイロットと呼ばれている電文であった。

現地大使館はこのパイロットで指示されたとおりに、電文を取り扱わなければならない。次いで送られてきた暗号電文「昭和十六年十二月七日東郷大臣発在米野村大使宛公電九〇二号」は「帝国政府ノ対米通牒覚書」と題されたものの本文で、一四部に分割されていた。これは現地時間十二月六日正午頃から引き続き到着し、電信課員によってその日の午後十一時頃には一三分割目までの解読が終了していた。

公電九〇四号には、覚書の作成にタイピストを使わないようにと注意してあった。これはアメリカ人タイピストの目に触れることを避けるためである。そして、九〇七号では覚書手交を現地時間午後一時にするようにとの指示が書かれていた。一四分割目は午前三時の時点で到着しておらず、電信課員は上司の指示で帰宅してしまった。

この一四分割目が大使館に到着したのが、遅くとも十二月七日午前七時頃とみられている。朝に通常どおり大使館に出勤した電信課員は、午前十時頃に解読作業を開始し、全文書の解読を終了したのが昼の十二時二十分頃だった。

解読が終わったものから、順に政務担当一等書記官の奥村勝蔵《おくむらかつぞう》によって修正・清書された。英文に浄書できたのは当日の午後一時五十分頃である。

本省から訓令された時間から大幅に遅れていることに、野村、来栖両大使は大いに焦り、大使館の玄関で足踏みをしながら待っていたという。

この問題について外務省は、調査委員会を設けて調査を行ったが、調査結果は公表されなかった。これには外務省出身の吉田茂《よしだしげる》が首相となったことから、戦争中の外務省の失態をできるだけ公にしたくないとの政府全体の意向が働いた。

東京裁判でこの問題は取り上げられたが、この問題に携わった駐米大使館員には戦犯判決が出なかったことから、わざわざ自ら事を荒立てるようなことはしないという官僚組織としての、自己保身の意向が働いたという見方がなされている。

そして、誰一人処罰の対象とならず、戦後は外務官僚としての出世を遂げている。だが、事件から五三年が経った一九九四年十一月二十日、外務省は当時の調査委員会による調査記録「昭和十六年十二月七日対米覚書伝達遅延事情に関する記録」を外交史料館報第八号で公開。これらの資料などに基づく通説では、この事件前後に実に驚くべき怠慢《たいまん》が現地大使館に蔓延《まんえん》していたことが明らかにされた。

たとえば、十二月六日夜、メイフラワー・ホテル内の中華料理屋で、南アメリカに転勤する寺崎英成《てらさきひでなり》情報担当一等書記官の送別会を行っており、酒が振る舞われていたこと。電文の修正・清書を担当するべき奥村一等書記官が、この送別会に参加して、送別会の後も大使館に戻って浄書を行わず、知人の家にトランプ遊びをしに行ったことなどが挙げられている。

さらには外務省本省から、分割して送られた電文の内容が一貫した文章になっておらず、注意書きや取り扱い手続きなどが挟まれていた。そのため一四分割目が覚書本文の続きであることが、大使館員には判然としなかったことなどが、手間取った原因であるとされている。

重要問題を共有しなかった軍と外務省

日本政府の対米最後通牒の手交が遅れたことは、紛れもない事実であるが、このことが大問題として取り上げられるべきことかどうかについては曖昧なままである。

たとえば、陸軍がマレー作戦でイギリス領マレー半島のコタバル上陸で戦闘が始まったのは、真珠湾攻撃開始の一時間五〇分前で、時間どおり最後通牒が渡されてもすでに東南アジアで無通告の戦争は開始されていたのである。

このことについてイギリス政府は、日本に対して抗議すらしていないのだ。実を言うと戦争を法的に規定したハーグ条約、その後の不戦条約では、戦争を始めるには宣戦布告が必要だが、自衛の戦争であればその限りではないとされている。

そしてその戦争が自衛であるかないかは当事国の判断に任せられている。日本は開戦理由をアメリカの屑《くず》鉄禁輸、石油の輸出禁止、ＡＢＣＤ（アメリカ、イギリス、中国、オランダ）包囲網など、次々に起こった欧米の経済封鎖と、制裁を打ち破るための自衛の戦争と位置づけていた。

したがって、無通告でも国際法上はまったく問題はない。だが当初は、軍部は通告なしの開戦を予定したが、それには東郷外相が断固反対して通告するようになった経緯がある。しかし、外務省と陸海軍の意思疎通が悪いのも事実で、外務官僚の多くが、開戦と同時にこれほど大規模な真珠湾攻撃を仕掛けるとは思わず、正確な開戦の日も知らされず、十一月三十日と思っていた者もあり、軽く扱ったのかもしれない。

十二月一日に開かれた御前会議で、正式に対米戦開始が決まった時、昭和天皇が東《とう》條英機《じょうひでき》首相に、アメリカに対して間違いなく開戦の通告を行うようにと命じた。これを受けた東條首相は東郷外相に開戦通告をすべく指示。この時初めて開戦日を知った外務省は慌てて開戦通告の準備に入った。

このように、開戦時の日本政府内では情報共有システムが働かず、対米開戦日という極めて重要な情報も政府内部で共有できていなかったのが真相である。このことからしても、日本の戦争態勢は十分整っていたとは言えず、開戦にいたるさまざまなプロセスが、行き当たりばったりのやっつけ仕事であったことが見えてくる。

さらに言えば、アメリカはすでに日本政府の暗号解読に成功しており、文書が手交される前に日本側の最後通牒の内容を知っていた。ルーズベルト大統領は十二月六日の午後九時半過ぎには一三部を読み終え、日本と戦争になることを側近に話していた。

当時のハル国務長官の回想録によると、日本大使が大使館玄関でやきもきしていた数時間前の十二月七日午前中には、全一四部の傍受電報を受け取っていたのである。

日本大使館員の怠慢は、国家に汚名を着せるという形で国益を失わせた。そして、アメリカ国民を怒らせて、対日戦争にも対独戦争にも賛成し、ルーズベルト大統領は戦争に突入する大義名分を得ることができた。これらのことからすれば、「一九四一年十二月八日には日本はもう負けていた」と言えるのではないだろうか。

その後の外務省はアメリカからの意見に神経を使い、二〇〇一年九月十一日の、アメリカ同時多発テロ事件では、日本政府は明らかにアメリカに追随しているのだが、前国務副長官でしかないアーミテージから「Show the FLAG.（旗幟を鮮明にしろ）」と言われたとアタフタとした。

日本は総理大臣が代わるたびに、アメリカ詣でをし、アメリカの顔色を窺わねばならないほど、アメリカの軍事力に守られている現状があることは事実だ。しかし現在では、アメリカの軍事プレゼンスが低下し、日本も自国を守るのにアメリカを頼ってばかりはいられない状況になった。

今後求められることは、アメリカの威を借りて周辺国に強気で対応することではなく、外務官僚のしっかりとした国際情勢の長期的な展望であろう。はたして外務省は七五年前の失態を挽回することができるのか注目したい。

緒戦の勝利で敵を侮った日本軍
驕りと緩みで正確な判断を欠いた将兵たち

ルーズベルト大統領は対日戦を望んだのか

一九四一年十二月の、太平洋戦争開戦劈頭の真珠湾攻撃は、日本側の圧倒的な勝利となったが、アメリカは一九三八年九月にイギリスとフランスがチェコを見捨てた「ミュンヘンの宥和《ゆうわ》」と並んで、第二次世界大戦の二大悪夢としている。

あまりにも一方的な敗北にさらされたアメリカは強いショックを受け、このような敗北を受けたのは、ワシントンの政治家の陰謀に違いないとの噂が強く流布され、中でも当時のアメリカ大統領ルーズベルトの陰謀説が根強く囁《ささや》かれていた。

その一つに一九八二年に、ピューリッツァー賞受賞作家のジョン・トーランドの著作『真珠湾攻撃』（文藝春秋）では、ハワイに接近中の南雲忠一中将の率いる機動部隊が打った通信を傍受しているのに、ルーズベルトが握り潰したとの説を唱えたところから、真珠湾攻撃陰謀説が広く流布されるところとなった。

その背景として、当時アメリカは世界恐慌から完全に脱出できておらず、ルーズベルトの政府が市場経済に積極的に関与するニューディール政策（新規まき直し政策）も、芳しい進捗を見せていなかった。

そこでルーズベルトは、アメリカを第二次世界大戦に参加させ、経済の浮上を図るために日本軍に真珠湾攻撃をさせた。だから、あれほどの大成功となったのであるというのが陰謀説の大まかな筋書である。

さらには戦後になって、一九四〇年夏頃から日本の外交暗号を解読しており、日米交渉での日本側の手の内をつかんでいたことが明らかになると、大統領陰謀説の重要な根拠とされるようになった。外交暗号が読めたのなら、真珠湾攻撃を察知できないはずがないというわけだ。

日本海軍の暗号が解読されたのは、ミッドウェー海戦直前の一九四二年春以降だったことが無視されているが、日米開戦について、日本海軍と外務省は、詳細な情報を共有しておらず、通常では考えられないほどまとまっていなかった。日本政府の内部事情は外部からすれば理解しがたいことであり、現在でもなおルーズベルト陰謀説の信奉者は多い。

日本軍のハワイ近海までの展開が想定外だったアメリカ軍

それにしても、開戦前夜の緊張の中にあったハワイのアメリカ軍は、なぜ奇襲を許してしまったのか。結論を先に言えば、アメリカ軍の中枢部が当時の軍事常識に照らし合わせ、極めて常識的な論理から日本軍に対する戦略を立てていたからである。

海軍の戦闘は技術的制約が厳しい。一九四〇年頃までの空母は、あくまでも補助兵力と見做され、艦載機の能力も戦艦を沈めるほどにはなっていなかった。したがってプロであればあるほど、空母機動部隊による真珠湾攻撃は現実味が薄い夢物語でしかなかったのである。

しかし、一九四〇年になると様相が変わってきた。その年の十一月、イギリスの空母艦載機がイタリアのタラント軍港を奇襲して、航空魚雷でイタリア海軍の戦艦群を撃破したのである。タラント軍港は真珠湾と同じくほぼ五〇フィート（約一五メートル）の水深しかなかったが、英軍機は木製のひれを付けた浅海用魚雷を開発し、防雷網を避けるため、艦底すれすれの深度で魚雷を走らせたのだ。

この情報は全世界の海軍に伝わった。これを受けて連合艦隊司令長官山本五十六は、直ちに各方面の専門家に具体的検討を命じた。山本の命令に応える新たな技術が次々に生み出され、日本海軍が独自で開発した浅海用魚雷が実用化された。実用試験など重要な技術的手続きを終えて、完成した魚雷が単冠湾の機動部隊に届いたのは出撃する数日前というきわどいものだった。

タラントの教訓をアメリカ軍も軽視したわけではない。だがこの当時、柔軟で機敏な動きをしていた日本海軍に比べて、アメリカ軍の動きは鈍く官僚的であった。米海軍司令部はタラントの教訓に照らし合わせて、ハワイの軍港警備の強化を命じたが、現地司令部は日本軍がハワイ近くに空母を展開させることは考えられないとして、特段の警戒態勢は取らなかった。というのも、日本海軍の対米基本戦略は小笠原《おがさわら》沖にまで接近してきた米海軍を待ち受けて殲滅するというもので、日本海軍の伝統的な迎撃戦略を知悉《ちしつ》する、プロにありがちな思い込みがあったと言えよう。

この時期、アメリカの世界戦略には、ヨーロッパ第一主義が見られ、いまだ参戦にはいたっていないながらも武器援助法を活用して、イギリスに大量の戦略物資を送り込んでいた。

太平洋局面では局部攻勢を含んだ防衛戦略を採ると想定した、レインボー五号計画が採用され、艦隊レベルの実施計画では開戦になる五日前にハワイを出撃して、一三日目にはマーシャル群島侵攻に取りかかる手順をセットするとしていた。

その後の構想は状況次第であるとして明記されていない。しかもその計画には当時アメリカ領であったフィリピン救援については触れられていなかったのだ。突き詰めて言えば、当時のハワイ駐留軍は、情報を十分生かし切れておらず、計画どおりの思い込みで現実を理解していなかったと言えるだろう。

日米開戦と同時に、艦隊主力を率いてマーシャル群島方面に侵攻する役割を割り当てられたキンメル大将は、その準備に没頭していたようだ。この太平洋方面におけるアメリカ軍の役割分担は、陸上の防衛はショート陸軍少将、ハワイ在泊艦艇を含めた真珠湾地区の防衛任務はブロック海軍少将の担当になっていた。

ブロック少将は哨戒飛行の実施責任も負っていた。とはいうものの二八九機の哨戒機はすべてキンメルの指揮下とされていたのだ。キンメル大将は哨戒機をマーシャル侵攻作戦に使うつもりで、できるだけ温存しようとした。したがって常時哨戒は危険な時期だけに限り、後は訓練と整備に充てる方針を採っていたのである。

問題はその「危険な時期」である。太平洋艦隊がワシントンから危機警報を受けたのは四度。一九四〇年六月十四日の、ドイツ軍パリ無血入城の日を除いて、いずれも日米間で重要な政治的変化があった時となっている。

たとえば、対日石油禁輸の時期に当たる一九四一年八月一日、東條英機内閣が組閣された同十月十八日、ハル・ノートが発せられた同十一月二十七日などである。その都度ハワイは緊張し、カタリナ飛行艇による哨戒が命じられた。ところがいずれの場合も戦争にはならず、危機感はすぐに緩《ゆる》んだ。そのためイソップの「狼少年」の寓話《ぐうわ》に出てくる村人たちと同じように、キンメルがワシントンの警戒警報を本気にしなくなったのも無理からぬところだろう。ともあれ、この時期のハワイでは来るべきマーシャル侵攻作戦に備えて、訓練と整備を重視する運用が主となっていたのだ。

直ちに官僚主義から実力主義に転換したアメリカ

真珠湾攻撃がなされた十二月八日（日本時間）は、まさにアメリカの張り詰めた緊張の糸が緩んだ時点に当たっていた。奇襲で叩きのめされたハワイのアメリカ軍が立ち直るには、まる二日かかった。その間同士討ちがあるやら、日本軍が上陸したとの流言があるやらでパニック状態となっていた。

真珠湾ショックは、アメリカ軍の官僚的なシステムと思考方法を大きく変える切っ掛けとなった。たとえば人事である。第二次世界大戦前の米海軍人事は年功序列の典型で、とくに幹部クラスの高齢化は激しかった。キンメル太平洋艦隊長官は五九歳、ハルゼー空母部隊指揮官は五九歳。それを日本側と比較してみると、山本連合艦隊司令長官は五七歳、南雲真珠湾攻撃部隊司令長官は五四歳と、日本のほうが少し若くなっている。

それが真珠湾ショック後、キンメルが五六歳のニミッツに代わった。ニミッツは当時、二十数人の先輩を飛び越し、階級も少将から大将に二階級特進している。この時点でアメリカ海軍の若返りと実力主義が始まったのである。

茫然《ぼうぜん》自失状態の太平洋艦隊司令部へ、ニミッツが赴任してきた一九四一年十二月末。彼は沈滞した指揮を回復し、破壊された港湾を復旧して、日本軍に反撃する体制固めに取り組んだ。

さらに、さまざまな手を打っている。戦艦群こそ全滅したが空母群は生き残っていたので、ニミッツは五隻の空母を二群に分け、ハルゼーとフレッチャーに指揮を執らせ、日本の外郭防衛線を掻き回す作戦に出た。

一九四二年一月にはウェーク、二月にはマーシャル、三月には南鳥島とラエを艦載機で空襲。四月十八日には陸軍の双発軽爆撃機を使ったドーリットル爆撃隊が、空母ホーネットから飛び立って、日本本土の東京などを初空襲した。この結果、真珠湾で沈み切っていたアメリカ軍の士気を大いに高めたのである。

「赤城」「加賀」の搭乗員はアメリカ軍を侮った

この間に南雲機動部隊もラバウル、オーストラリア、インド洋と転戦。そしてパプアニューギニアのポートモレスビー攻略を立案し、輸送船団には小型空母の祥鳳《しょうほう》を付け、別に大型空母の翔鶴《しょうかく》と瑞鶴《ずいかく》を出動させた。

アメリカ太平洋艦隊は空母のヨークタウンとレキシントンを向かわせ、五月七日から八日の珊瑚《さんご》海海戦では史上初の空母同士による戦闘となった。日本は祥鳳を撃沈されたが、レキシントンを撃沈しヨークタウンを航行不能にした。

被害艦艇数などでは日本が勝ったとされるが、アメリカ海軍はヨークタウンを西海岸に曳航《えいこう》して修理しており、被害を埋め合わせることができる国力からすれば、負けに等しいものであった。

アメリカ軍は互いの艦隊同士が、直接目で見ることなく戦闘が行われる、まったく未知の分野に入ったこの海戦の被害状況をつぶさに観察することで、次の戦闘に備えていった。

まず米海軍が実行したのが、珊瑚海海戦に参加したパイロットを、本国の海軍航空局に呼び出し、情報と意見を聴取することだった。最前線の兵士の意見を直接首脳部

雷撃を受け沈没寸前の空母祥鳳

が聞くことで、前線の兵士と上層部が情報を共有し、作戦立案に役立てようとしたのである。

そして軍戦闘機を製造しているグラマン社の社長が自ら真珠湾に赴《おもむ》き、珊瑚海海戦でゼロ戦と戦ったパイロットに状況を聞き、試作中の新型戦闘機の性能向上に役立てた。米海軍当局はこれらを通じて、ゼロ戦に対抗するためＦ４Ｆの具体的な性能向上と増産を決定。新型機Ｆ６Ｆの量産を早めることも迅速に決定した。

珊瑚海海戦からしばらくは、米軍首脳部の判断によりパイロットにゼロ戦と一対一の戦闘を禁止した。ゼロ戦と対峙《たいじ》する時は必ず二機であること、これは当時の空母ヨークタウンの第三戦闘機隊長であったサッチ大尉の発案によるサッチ・ウィーブ（二機が相互に連携しつつ内側に旋回し合い、飛行軌跡がゼロ戦を内側に包み込むようにする）と呼ばれる戦法だ。

編隊飛行中の一機が、ゼロ戦に食いつかれたとすると、速力に勝るゼロ戦を振り切れないので、二機が相互支援の隊形でゼロ戦の追撃を阻《はば》もうという、防御に徹した考え方で組み立てられていた。

このことは、日本ではゼロ戦の性能を際立たせるものの一つと語られるが、実を言うとアメリカ軍は与えられた武器で、いかに損害を少なくし戦闘するかを中心に考えていたのだ。現場からの情報を基礎に考案されたサッチ・ウィーブの戦法を、直ちに採り入れるという柔軟な発想ででき上がったものである。

これらのことは、真珠湾を起点に戦闘の失敗と成功を冷徹に見つめ、改善を図ってアメリカ軍全体を進化させていった結果であった。

その一方、日本海軍は一体どれほど現場の声を聞き、情報収集をしていたのかは疑問である。基本的には日本軍はミッドウェー海戦まで負け戦がなかったこともあるが、この勝利の積み重ねが驕《おご》りと組織としての緩みを惹《ひ》き起こしていた。

空母赤城《あかぎ》や加賀《かが》の第一航空戦隊の搭乗員は優秀な技量を持つ者を集めていたが、珊瑚海海戦で第五航空戦隊がレキシントンを撃沈したと聞くと、「妾《めかけ》の子でも勝てた」と二線級の技量で撃沈されたアメリカ軍を侮っていたのである。

アメリカ軍は真珠湾、珊瑚海海戦と敗北を重ねて進化し、驕りと緩みの中で停滞していた日本海軍が激突した、ミッドウェー海戦の結果は見えていたと言えよう。

圧倒的有利な戦力で惨敗したミッドウェー

ミッドウェーでは、海軍の暗号通信が解読されており、南雲機動部隊の行動はアメリカ軍に正確に把握されていた。米軍機動部隊の指揮官スプルーアンス提督に、日本軍の兵力から進出位置まで知られていたのである。

その上に、珊瑚海海戦で翔鶴は飛行甲板に爆弾を受けミッドウェー作戦に参加できなかったが、アメリカでは修理中のヨークタウンを戦場に向かわせ、洋上で修理するという臨機応変な処置を取っていたのである。

日本海軍はスプルーアンス率いる空母機動部隊の存在さえもつかんでいなかった。この時の米空母部隊の兵力は空母三、巡洋艦八、駆逐艦一四、それに対して日本軍は南雲隊に限っても空母四、戦艦二、巡洋艦一、駆逐艦一二とやや優勢で、後詰め兵力として、山本長官が直接指揮する主力部隊や上陸部隊の掩護《えんご》部隊を合わせて、小型空母二、戦艦一一、巡洋艦一三、駆逐艦四〇が控えていた。

総合兵力からすれば、米海軍は圧倒的に不利である。日本軍は油断と失策さえしなければ、ほぼ勝利を手にできる優勢な兵力と精鋭を揃えていた。スプルーアンスは不利な条件も知った上で決戦場に赴いた。結果は知れらているとおり日本側の惨敗であった。

ミッドウェー島占領は中止された。米太平洋艦隊で残った空母部隊を壊滅させ、アメリカ国民の戦意を挫《くじ》き、有利な和平交渉を探るという山本長官の戦略が潰《つい》えてしまった。これ以降の日本海軍は、戦争全体を通じて戦略的作戦はなくなり、惰性と海軍の組織維持のための作戦が行われていった。

こうしてミッドウェー海戦の敗北にいたるまでの経緯を見ていけば、圧倒的な兵力を持った日本海軍が惨憺《さんたん》たる敗北を喫したのは、真珠湾攻撃以前に存在していた組織と発想の柔軟性が減少していき、敗北から組織改革と発想の転換をし、進化していったアメリカ軍との差が、顕著《けんちょ》に現れた結果だと言えるだろう。

この差の重要なポイントは、瞬時に変化する最前線で、直面する問題点をトップがどれだけ正確に把握できているかである。机上の空論や当初の想定、都合のいい思い込みは、最前線の厳然たる事実の前に簡単に打ち砕かれてしまう。

このことは現在の日本型組織にも色濃く残り、シャープも優秀な液晶画面の技術を誇っていたが、安価な製品に敗北するという、今も目の前で起きているさまざまな事件や事象で、容易に理解できるのではないだろうか。

第三章

転換期に疎い日本的組織の不条理

南の島に残る日本軍トーチカの砲

戦力の分散で非効率的な戦いをした日本軍

制海権と制空権を無視した戦線拡大が招いた敗北

陸上攻撃と海戦の二兎を追ったミッドウェー作戦

真珠湾攻撃以降、緒戦で予想以上の大戦果を収めた日本軍は、安易な情勢判断と無謀な作戦計画を立案し、拡大路線に走り始めた。

陸軍はビルマの全域を占領した上、インド、西アジアにまで進出する作戦を構想した。それに対して海軍はオーストラリア攻略作戦を主張。

一九四二年三月の、大本営政府連絡会議での「世界情勢判断」では、アメリカ、イギリスが大規模攻勢を企図し得べき時期は、「おおむね昭和十八年（一九四三）以降なるべし」と根拠不明確な、都合の良い判断をした。

それを基にして陸海軍が妥協し、南太平洋のサモア、フィジー、ニューカレドニアの三諸島を、陸海軍の共同で攻略するという米豪遮断作戦を、その年の七月頃に実施すると決定した。

さらに海軍では、真珠湾奇襲の際に討ち漏らした米空母を誘い出して、撃滅することを目的に海軍独自でミッドウェー、アリューシャンの攻略作戦を計画し、天皇に上奏して裁可を得た。

ところが、四月十八日には、日本本土から一二〇〇キロも離れた位置から、米空母ホーネットから発進した陸軍の軽爆撃機が日本本土を初空襲し、爆撃機はそのまま中国本土に飛び去った。

これにショックを受けた軍部は、ミッドウェー、アリューシャンの攻略作戦を、当初の日程を前倒しにして、六月に陸海共同作戦実施を決定。海軍はミッドウェー作戦で米空母を誘い出して撃滅することで、米太平洋艦隊を完全に無力化することを目的とした。だが陸軍との共同作戦で島の占領という新たな目標が加わったため、戦略目標が大きくぶれ、ミッドウェー島空襲という陸上攻撃と、米空母との海戦という二つのミッションを背負い、二兎を追うことになったのである。

海軍は、陸上攻撃にはある程度の成功を収めたが、攻撃の手順に混乱を起こし、米空母との海戦にはほとんど対応不可という状態となった。

その結果が空母四隻を失い、ミッドウェー島占領作戦は中止となってしまったのである。まさに「二兎《と》を追う者は一兎も得ず」という故事の見本のような結果になってしまった。

兵站が伸びた非対称戦構想で戦局が悪化

これ以降海軍は、戦争遂行の主導権を失ってしまい、八月にアメリカ軍が開始したガダルカナル島攻防戦を中心とする、ソロモン諸島での大消耗戦により、日本軍の劣勢が決定的となったのである。

このような戦況の中、海軍はどのような作戦を立てたのか。一九四一年一月に、山本五十六が真珠湾攻撃計画を提案したと同時期に、最後の海軍大将と呼ばれた井上成《いのうえしげ》美《よし》が提出した「新軍備計画論」という作戦案がある。

当時の井上は海軍の航空本部長で、第一次世界大戦がどのような戦いであったのかを考察し、近代戦は凄まじい消耗戦であることから、日本は国力からも新しい時代の戦争を戦い抜く力がないことも知悉《ちしつ》していた。

彼の思想の根底にあったのは、大艦巨砲主義の否定はもちろん、今後は航空戦力が戦いの行方を決するという考え方であり、空母でさえもアメリカとの戦争にいたった場合には建艦競争では絶対敵わないという、極めて冷徹で数学的なものであった。

ではどうするか。井上が新軍備計画論で説いたのは空母同士の対決ではなく、数で勝る米軍空母に対して非対称戦構想で挑むということである。非対称戦とは、両軍の軍事力や戦略、戦術が異なる場合、相手よりも弱い側は相手が予想も困難な手段を仕掛けることで、一般的には正規軍に対しゲリラ戦で戦う認識である。井上の構想は、戦力や建艦能力を非対称としたものである。

非対称戦構想での井上の基本原則とは、空母には運動能力があるが極めて脆弱《ぜいじゃく》である。したがって海軍航空兵力の主力を陸上の航空基地に置く。陸上航空基地は絶対に沈まない空母であるというものであった。

この構想は山本の真珠湾攻撃計画の成功によって、当初はあまり目立たなかったが、ミッドウェー敗戦で主力空母を失ったことで、井上の作戦計画は進捗し、不沈空母として島嶼《とうしょ》の飛行基地化、要塞《ようさい》化を狙った作戦が実行されていった。

そのため南太平洋のサモア、フィジー、ニューカレドニアの三諸島を攻略してアメリカとオーストラリアを遮断する作戦を中止し、その代案として、その手前にあるソロモン諸島の航空基地を整備するため、ニューギニアのポートモレスビー攻略を狙って、一九四二年にガダルカナル島に飛行場を完成させた。

日本軍の狙いは、西太平洋における島嶼飛行場をネットワークのように張り巡らし、進撃してくるアメリカ軍を迎え撃つことであった。だが実際には、最後の空母艦隊決戦となったマリアナ沖海戦では、島嶼飛行場に分散配置されていた日本軍機は、米空母艦載機の奇襲攻撃を受けて各個撃破された。

日本海軍の赤城や加賀などの正規空母は航空機を搭載できたのは九〇機ほどだが、米海軍の戦闘機F４FやF６Fは主翼を折りたたむことができ、正規空母は一隻で一五〇機におよぶ航空機を搭載でき、孤島の飛行場にある日本軍の航空機数程度であれば楽々と撃破できたのである。

さらには島嶼の飛行場や要塞も、兵站《へいたん》がなければ存続できない。要は物資を滞りなく運び込むために、制海権と制空権が確保できていなければ、井上の言う優勢なアメリカ軍を迎え撃つ非対称戦は不可能であった。

そのため防御に徹するために、占領する島嶼を拡大することになり、制空・制海権ともアメリカ軍が握った状況で、日本軍は基地の数を増やしたため、少数に分散化した基地航空隊が空母艦載機の猛攻に圧倒され、同時に基地への補給も断たれて立ち枯れていくしかないという凄惨《せいさん》な結果となってしまった。

ガダルカナル島に飛行場を完成させた二日後の、一九四二年八月七日に、アメリカ軍は海兵隊約二万をガダルカナル島と北対岸のツラギ島に上陸させた。これは一九四二年七月二日に、米陸海軍統合参謀本部が決定したウォッチタワー作戦を発動したもので、本格的なアメリカ軍の反攻作戦であり、日本の大本営の予想よりもはるかに早い反撃開始であった。

アメリカ軍はサンタクルーズ諸島、ソロモン諸島、ニューギニア東部北岸を攻略・奪還し、最終目標をラバウルの攻略と定めて進撃を開始した。作戦開始二日後の八月九日には、ツラギの日本海軍守備隊が壊滅。ガダルカナル島には飛行場建設要員二五〇〇人と約二五〇人の海軍陸戦隊が駐屯していたが、この攻撃で飛行場を捨て、後方のジャングルに退避。これ以降、ガダルカナルでの消耗戦が始まった。

一九四三年六月、アメリカ海軍はマーシャル諸島から、一気にフィリピンにいたる侵攻コースを構想。これと同時にマッカーサー陸軍大将は南西太平洋方面軍を率いてニューギニアからミンダナオに攻め上がる侵攻コースを設定する。

これが一九四三年六月末から実行されたカート・ホイール作戦であった。車の両輪を意味するこの作戦は、ハワイからニミッツ海軍大将が指揮を執り、ギルバート諸島、マーシャル諸島からグアム、サイパンなどのマリアナ諸島を奪い、沖縄にいたる太平洋の中央を突破するという二正面作戦だ。

マッカーサー陸軍大将の南西太平洋方面軍部隊の地上軍は、ニューブリテン島のラバウルを無力化しながらニューギニア北部に侵攻。そこから北上してフィリピンに到達するというものだ。

日本軍が駐屯した多くの島は見捨てられた

アメリカ軍のカート・ホイール作戦は、日本軍が駐屯する島を順繰りに制圧していくが、戦略上重要でないと判断した島や日本軍が兵力を集中させて守りを固める島は、危険を避ける意味で無視し、それらの島々を飛び越えて戦略上重要な島の攻略に集中したのである。アメリカ軍が無視した島は、補給路が断たれ自滅していった。

私自身、米軍に無視された日本最東端の島である南鳥島を取材で訪れたことがある。この絶海の孤島を上空から見ると、オムスビのような三角形で一本の滑走路が走っている。現在は気象庁職員や海上自衛隊の南鳥島航空派遣隊が駐在しているが、かつては井上の構想によって要塞化された島である。

海岸に行くと、朽ちてはいるがいまだ原形をとどめている海軍砲台跡や大砲そのものも残っていた。これらの砲は一発も敵に向かって射撃したことがないそうだ。島の中央のジャングルの中には朽ち果てた戦車があり、錆《さ》びた車体を雨露にさらしていた。

戦争中、米軍艦載機に数度の攻撃を受け、その時の機銃弾跡が残る神社跡や、爆弾によるクレーターなどが残るが、いまだ修復されないまま放置されていた。

この南鳥島のように、南太平洋で日本軍が駐留していた島は二五あり．そのうちアメリカ軍が上陸占領したのはたった八島に過ぎず、残り一七島は戦力を無力化して放置された。一七島はアメリカ軍の侵攻阻止という役割を果たせず、島嶼占領では日本軍の努力のほぼ七〇％が無駄になったことを示している。

ミッドウェー作戦では島の爆撃には成功したが、最終目的である占領はできず、逆に空母機動部隊は壊滅的な打撃を受けてしまった。アメリカ軍を抑止するために必要な制空権・制海権の確保と維持という前提を無視して、拡大していった島の占拠は目標達成にいたらないままに終わった。

ところがアメリカ軍は戦略上重要な箇所だけに兵力を集中して投入し、効率よく目標を達成させている。アメリカ軍は、大局的な戦略を立てたら目標達成を目指して集中と選択をし、勝利するための環境作りに手を尽くした。これが二五対八という数字が示す意味であった。

失敗しても栄転する人事の不条理
世紀の愚策・インパール作戦に見る陸軍の無責任体質

士気高揚も兼ね援蔣ルート遮断を図った陸軍

一九四二年三月に、ビルマのラングーンを攻め落とした日本軍は、ついにイギリス軍をビルマ全土から追い払った。これで大半の大東亜共栄圏が連合国の植民地支配から解き放たれることになった。

ビルマ方面軍の第一五軍司令官牟田口廉也《むたぐちれんや》中将は、激しい性格と積極的な作戦行動を取る人物として知られ、一九三七年七月の盧溝橋《ろこうきょう》事件で最初に発砲を命じた指揮官であり、後にマレー半島を南下したシンガポール攻略作戦では市街突入の先陣を切ったという戦歴がある。牟田口は大東亜共栄圏を作る先兵として、いつも先頭に立ち華々しい成果を挙げていたのである。

その牟田口が、インパール攻略作戦を上層部に具申した。当時は太平洋戦線は劣勢続きで、日本全体が沸き立つような戦果が出ておらず、このままではじり貧ではないのかとの思いがはびこっていた。

大本営は相変わらず戦勝を宣伝していたが、戦場は段々と日本本土に近づき、東條《とうじょう》英機《ひでき》首相が「絶対国防圏」として死守すると誓ったマリアナ諸島やグアム、サイパン付近が、すでに戦場となっていた。日本国内で都市が空襲を受けるようになり、学童の集団疎開も行われていた。

折しも、中国大陸で国民党軍と戦っている支那《しな》派遣軍が、輸送路確保を目的として北京から資源のある南方までの大陸打通作戦を計画していた。中国南部の飛行場から発進した米軍機や中国軍機による東シナ海や南シナ海の日本船舶攻撃も看過《かんか》できない被害に達し、物資輸送に支障を来していた。これらの航空基地撲滅と同時に、Ｂ29爆撃機が中国大陸に配備され、本格的な日本本土空襲に取りかかるのを阻止しようとする意図があった。

だが実を言えば、連敗の太平洋戦線に対し、蔣介石《しょうかいせき》の国民政府軍相手なら、何とか士気高揚に結び付く勝利を得られるだろうとの判断が働いていたのである。

牟田口第一五軍司令官が発想した作戦も、作戦が成功すれば、太平洋戦線での連敗により沈滞した閉塞感を払拭《ふっしょく》でき、士気を高揚させることができるとしたものである。牟田口は蔣介石への援助物資が中国国内に運び込まれる援蔣ルートを遮断するため、ビルマ国境を越えてインド東北部アッサム州の拠点インパール攻撃を主張した。

作戦開始は四月二十九日の天長節《てんちょうせつ》（天皇誕生日）にインパール陥落が重なれば、これ以上の祝賀はないとして、一月には行いたいとした。東條首相も同じ理由でビルマに目を付け、一九四三年にビルマをイギリスから独立させた。同時にマハトマ・ガンジーと並び称されたインド独立の志士スバス・チャンドラ・ボースを主としたインド国民軍を組織させ、インド独立に日本軍が全面協力するとし、インパール作戦が発動した時にはインド国民軍六〇〇〇人が日本軍と行動をともにしている。

イギリス軍はインパールを中心に反攻姿勢を整えつつあり、物資と兵員の集中を行っていた。中でもビルマ北部のジャングルに入った、ウィンゲート准将指揮の一個旅団は、ジャングル戦の戦術開発という特殊任務に携わっていた。彼らが最重視したのは補給の方法である。ジャングル内には物資を補給するための車両道路はなく、中を流れる無数の小川や泥濘《でいねい》のため、トラックなどの車両は役立たない。ウィンゲート隊はさまざまなシミュレーションをした結果、航空輸送が最適であることを立証し、同時に日本軍補給ルートの破壊工作の準備を整えていたのである。

「牟田口がやりたがっている」で始まった杜撰な作戦

この状況下で牟田口は得意の積極作戦に出て、イギリス軍が攻勢を整える前にその拠点のインパール攻略を考えたのだ。だがこの作戦が俎上《そじょう》に上ると、大本営から南方軍、ビルマ方面軍、そして実際に戦闘にかかわる第一五軍指揮下の第三一師団（師団長佐藤幸徳《さとうこうとく》）、第一五師団（師団長山内正文《やまうちまさふみ》）、第三三師団（師団長柳田元三《やなぎたげんぞう》）がこぞって反対した。

牟田口廉也中将

日本軍集結地であるインド国境のタムからインパールまでは、地図上の直線距離では八一キロメートルだが、三〇〇〇メートル級のアラカン山脈を踏破するには補給が続かないことが明白だったからだ。

　これら極めて合理的な反対意見に対して牟田口は「実戦経験のない者は口を出すな」と言って黙らせ、「食糧がないと言うが、あの山々に青々と茂る草を見ろ、日本人は昔から草食人種である。その観点からすれば有り余るほどの食糧があるではないか」などと言って強硬論を撤回しなかったばかりか、実際に兵たちに野草を食べる訓練をさせていた。

やがて、牟田口があれほどやりたがっているから、やらせてみてはどうかという人情という名の人間関係と、日本の組織特有の組織内宥和《ゆうわ》が優先される空気ができた。大本営にはこの時期に新たな大作戦を実行するほどの余裕はなかったが、先に挙げた士気高揚とインド独立という政治的思惑もあって東條首相が天皇に上奏。一九四四年一月には、補給を無視した杜撰《ずさん》なインパール作戦を、大本営が正式に認可した。

当然、大本営も補給が成り立たないと知っており、輸送トラックの増強は承知だが車両の不足などで、現地の要求をほとんど満たせぬことはわかっていたのだ。杜撰な計画を国家組織ぐるみで実行しようとする、戦争に対するリアリティーの欠如が見て取れる。日本陸軍は組織としての合理性を持てなくなっていたと言える。

一方、連合軍側はイギリス、インド軍の三個師団を基幹とした第一四軍第四軍団を中心に約一五万人をこの地域に配備していた。イギリス軍は日本の暗号を解析しており、一九四四年の二月頃に日本軍が三方向から侵攻する攻撃計画の全容を把握していた。

イギリス軍は重火器装備を揃えた上で、空輸作戦による補給体制を確立し、イギリス、インド軍部隊をインパールまで後退させつつ防御戦闘を行うことで兵站部隊の脆弱な日本軍を疲弊《ひへい》させ、インパール平原で一気に反攻に移る作戦を固めていた。

インパールに向かう日本軍

一九四四年三月八日、第三三師団が南から進撃を開始、十五日には第一五師団と第三一師団が国境沿いを流れるチンドウィン河を渡り、アラカン山系に踏み入った。牟田口司令官はインパール付近の敵補給基地を早期に占領すれば心配なしと考え、食糧を三週間分しか携行させなかった。

それでも兵たちは食糧と弾薬など三〇～四〇キロを持ち、徒歩で三〇〇〇メートル級の山並みを越えていった。

物資輸送用と緊急の食糧として一万頭の牛馬を連れていたが、これは上空から発見されやすく、航空攻撃の恰好の的になった。こうして危険を冒してまで連れてきた牛馬は、チンドウィン河の渡河で半数が流された。

戦地に到着する前に日本軍の大半は体力を消耗し、イギリス軍は日本の三倍の火力と空からの補給態勢により、頑強な抵抗を見せた。それでも日本軍三個師団は何とか期日までにインパール近くに集結。しかし、戦闘が二〜三週間にいたると日本軍は弾薬が尽き、石礫《いしつぶて》でイギリス軍に抵抗するような状態で、制空権を確保したイギリス軍の空襲にさらされたのである。

その間、牟田口司令官はビルマの軽井沢《かるいざわ》と呼ばれている避暑地メイミョウで、天長節までにインパール陥落を命じ続けていたのである。

師団長罷免後、作戦中止となるも訴追なし

五月二十五日、第三一師団長の佐藤幸徳中将はコヒマの東一〇キロにあるチャカバマから補給なきままの戦闘はできず、六月一日をもって撤退すると打電。現場の司令官が独断で撤退してしまった。

佐藤中将は七月五日付で牟田口司令官から師団長を罷免《ひめん》された。この前代未聞の撤退は日本陸軍史上でも初のことである。この影響は大きく、残された二個師団も徐々にインパール近郊から撤退を始め、二人の師団長も牟田口司令官から罷免され、インパール作戦の全体が崩れてしまったのである。

インパール作戦の命令系統

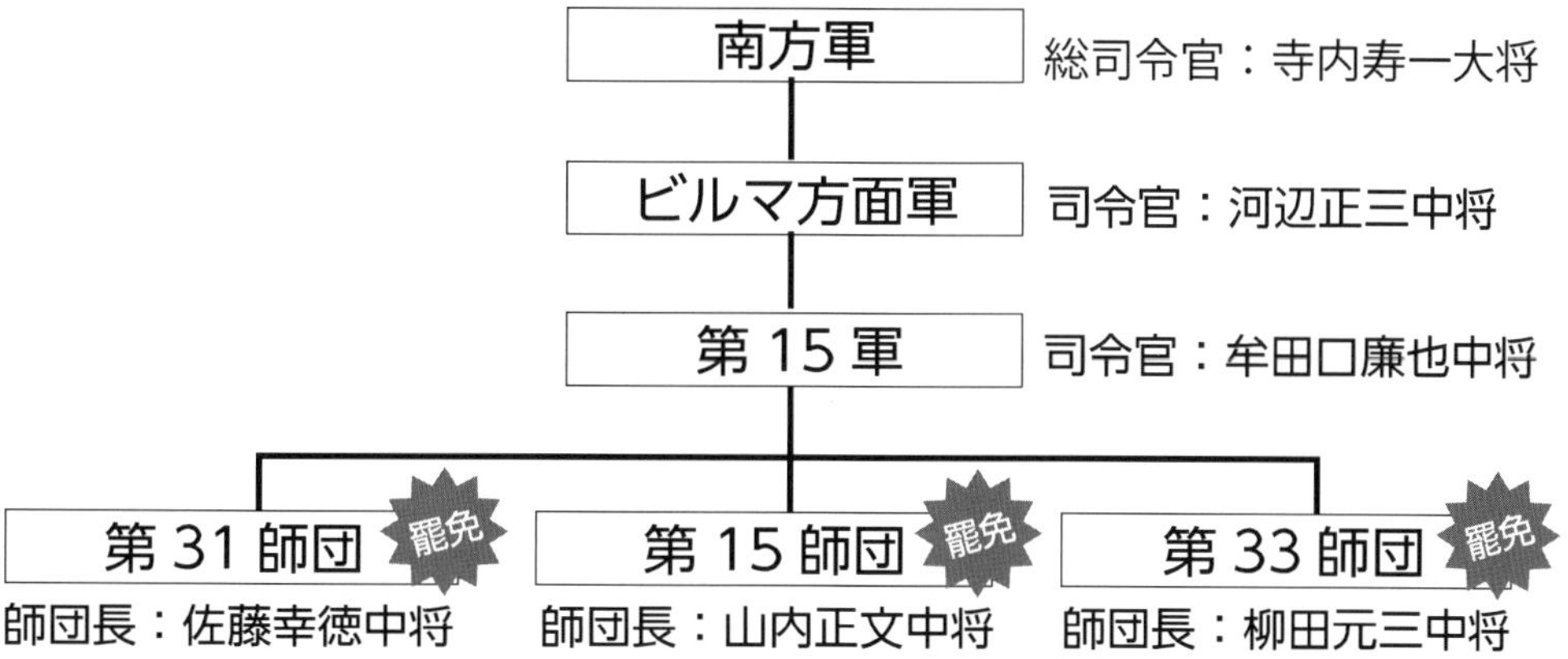

一九四四年七月一日、東條首相は参謀総長としてインパール作戦の中止を天皇に上奏。五日にビルマ方面軍が第一五軍に作戦中止命令を出した。翌六日から正式な退却が始まったが、日本軍の将兵には食糧も水もなく飢え、疲労困憊《こんぱい》した上にインドは雨期に入っていたのである。河川の氾濫と泥濘の中、イギリス、インド軍に追撃されながら五〇〇キロから一〇〇〇キロにおよぶ悲惨な撤退となった。

部隊内にはマラリアや赤痢が蔓延《まんえん》し、将兵は次々に道に倒れ、落伍した兵は手榴弾で、またある者は銃を咥《くわ》えて足の指で引き金を引いて自決していった。

牟田口司令官は八月三十日付で更迭《こうてつ》されたが、退却中の部下を残し、参謀本部付となって東京に生還した。その間にも退却は続いており、第三三師団が自動貨車六〇四輌を作戦出発点のチンドウィン河東岸に渡し終えたのは十一月二十日のことであった。

インパールからビルマに向かう街道には日本兵の死体が延々と並び、将兵たちは自らが退却する道を靖国街道、または白骨街道と呼んだ。死者は参加兵力九万二〇〇〇人の約三分の一にあたる二万六〇〇〇人で、戦病死は三万人以上に上ったとされた。

白骨街道での遺骨収集団の取材に加わった知人から話を聞いたことがあるが、戦友が死んだ地点の岩や木の状態を覚えていた人が多く、戦友の名前を呼び「悔しい」と叫びながら、子供のように身もだえして泣いていたと言う。

牟田口はその後、陸軍予科士官学校の校長を務めて終戦を迎え、一九六六年に没した。独断で撤退を決めた第三一師団の佐藤中将は、死刑を覚悟し軍法会議で作戦のデタラメさを暴露するとしていたが、それに関する軍法会議は開かれなかった。

軍法会議の場で撤退理由はじめ、インパール作戦失敗の要因が明らかにされることと、その責任追及が第一五軍、ビルマ方面軍などの上部組織や軍中枢におよぶことを避けるためだろうとされる。

河辺正三《かわべまさかず》ビルマ方面軍司令官はその職を退いたものの、一九四五年三月に大将に昇進、終戦後には第一総軍司令官の要職に就いていた。結果として陸軍の高級官僚はインパール作戦の責任を逃れ、官僚のラインに添って出世していくという、とてつもなく無責任で不条理な組織が最後まで残っていたのである。

劣勢を打開する特攻という不条理
もはや特攻の発想しかなくなった海軍の無為無策

特攻が起死回生の戦法とされた悲劇

戦後、特攻隊のことが語られる場合、その多くが献身的な若者が自らの身を挺《てい》して、日本国の将来のために死地に赴くという脈絡で捉えられることが多い。

確かにその面は否定されるべきではないが、確実に死ぬことを前提として、人間を兵器の一部品として扱い、志願制とはしながらも、作戦として定着させることで必然的に死を強制していった軍幹部は無責任の極みであろう。つまり、軍幹部が特攻を戦術と位置づけ、その結果として何らかの状況打開策があったかどうかを問題とすべきだろう。

その点に絞ってみれば甚だ疑わしい。日本の戦争指導部は、さらに犠牲者を増やす本土決戦を唱え、そのための時間稼ぎとして終戦の問題を先送りすることしかなかった。最初の特攻作戦は、虚構の台湾沖航空戦の大勝利を前提とした作戦であり、軍幹部の一部はそのまやかしを知った上でのことであったのだ。

一九四四年十月二十日、マッカーサーが指揮するアメリカ軍が、大挙してレイテ島に上陸した。大戦果を挙げたはずの台湾沖航空戦で航空戦力が消耗しており、ルソン島クラーク基地の第一航空艦隊にはわずかな飛行機しか残っていなかった。

アメリカ軍上陸直前に、この航空艦隊に司令長官として赴任したのが、特別攻撃隊（特攻）の立案者である海軍の大西瀧治郎《おおにしたきじろう》中将だ。

一九四四年十二月、名古屋を中心とした東南海地震が襲い、翌年一月にはB29による爆撃の上に、ふたたび三河地震に襲われた。名古屋の紡績工場を転用していた三菱と中島の航空機工場は倒壊し、勤労学徒に多くの犠牲者を出し、航空機の生産能力を極端に低下させていた。

大西中将は、軍需省の要職にいたため、日本の戦力状況を知悉していた。今後の軍需品の増産は求め得ず、このままでの戦争続行は犠牲者が増え続けることは誰よりも知っていたが、精神主義に立ち返っていた。

本土から台湾までの陸海軍の実働可能機が六〇〇機あまりしかない現状では、通常の作戦行動は取れないとし、赴任前から、壊滅状態にある海軍には航空機で敵艦に体当たりする起死回生の戦法しかないとしていた。

「帝国陸海軍作戦計画大綱」では「特攻を作戦上の要素」とし、志願による特攻を陸海軍の正規の戦法と定めていたが、海軍軍令部総長及川古志郎《おいかわこしろう》大将は、命令ではない特攻を認めて大西をクラーク基地に送り出した。

大西中将は、敵から餌食にされるだけの戦局から、部下に死に場所を与えるのが司令官の役目だと考えたとされるが、搭乗員たちは、特攻を勝算のない上層部の破れかぶれの最後の悪あがきと見ている者が多く、士気は低下していた。

若い頃親しくしていただいた元海軍パイロットは、私に次のように語った。

「命令を下すのは、飛行機に乗ったこともないような高級士官。死ぬことは覚悟の上だが、その死が一体何になるのか、現場の人間は考えざるを得なかった。これまでの訓練などは単に爆弾の一部になるだけのものなのか」

航空機でアメリカ軍艦艇に攻撃を仕掛けるには、まずアメリカ軍の迎撃戦闘機隊、次いで目標艦艇とその僚艦による対空砲火の弾幕を掻《か》い潜《くぐ》らなければならない。こうした敵艦隊の防空網を突破するには、本来なら最新鋭の機体に訓練を積んだパイロットを乗せ、敵迎撃機を防ぐ戦闘機を含む大部隊が必要である。

さらに無事雷・爆撃を成功させるためには、十分な訓練による技量がなければならない。現場の兵士からすれば、これらが整わない状況下での特攻は、敵艦に届く前に撃ち落とされてしまい、ただ死にに行くだけのように思えたと言うのだ。

ミッドウェー海戦などで、熟練搭乗員を大量に喪失していた日本軍は、補充の搭乗員の育成が間に合わず、搭乗員の質が低下していた。しかも敵のレーダーによる対空管制、優秀な新型戦闘機による迎撃があり、戦闘機の迎撃を突破してもVT信管（第四章で詳説）の対空砲火による対空弾幕が待ち構えており、アメリカ艦隊に接近することも困難になっていた。

特攻機の攻撃隊は偵察機が敵艦隊まで誘導し、直掩機《ちょくえん》が戦場まで護衛し、戦場に到達した後には特攻機による突入を見届けた。偵察機は海軍の彩雲《さいうん》、陸軍は一〇〇式司令部偵察機という高性能機が充てられたが、数が少ない上に、搭乗員も不足しており、十分な運用ができるような状態ではなかった。

そして直掩機も特攻機とともに敵艦隊の防空圏に突入し、未帰還機になることも多く、特攻機が戦果を挙げたのか目撃情報がない状況が続いていた。したがって特攻作戦の正確な情報が司令部に届かず、作戦や戦術の改善点も見出せず、ただひたすら一本調子で突入を繰り返すしかなかったのである。

人間を兵器と見なし無駄な死を強いた軍上層部

大西中将の下で編成された最初の特攻隊の敷島《しきしま》隊は、志願という建前上で関行男《せきゆきお》大尉に相談し、関大尉は一晩考えた末に了承したとされる。

一九四四年十月二十五日、関大尉が指揮する五機のゼロ戦は、スルアン沖でアメリカの艦船に体当たりを決行。空母三隻に体当たりし、護衛空母セント・ローを沈没させ、加藤豊文《かとうとよふみ》一飛曹以下の菊水《きくすい》隊二機も空母二隻に体当たりして大火災を起こさせた。直ちに大和《やまと》隊、朝日《あさひ》隊などが続き、陸軍でも富嶽《ふがく》隊などの特攻隊を編成した。

十一月以降は特攻が日本軍の航空攻撃の主体となっていき、志願制としながらも、現実には関大尉のように〝相談〟という名の命令であった。敵艦に体当たりができればまだしも救いがあるが、アメリカ軍の強力な防空システムには何の対策も打てず、特攻機の多くが敵艦に辿り着く前に撃墜されていた。

特攻による戦死者は海軍二五二五人、陸軍一四一七人と記録されているが、特攻兵器にはロケット推進の「桜花《おうか》」や、人間魚雷「回天《かいてん》」、特攻モーターボート「震洋《しんよう》」などが考案されたが、科学的な兵器とはほど遠い幼稚な発想で、海軍では機雷を持って潜水し頭上を通る敵艦の船底を爆破する、人間機雷「伏龍《ふくりゅう》」まで実用を模索していた。陸軍ではマニラ近郊の戦車戦で、棒の先に対戦車地雷を付けたままシャーマン戦車に体当たりする戦車特攻などが実行された。もう兵士の生命を空しくする特攻を基本にする発想しかなく、軍も正常ではなくなっていた。

また、冬期に日本上空にジェット気流が吹くことに目を付け、和紙を貼り合わせた巨大な風船に爆弾を吊り下げ、アメリカ西海岸に向けて九〇〇〇個も飛ばしているのである。これはアメリカ人幼児に被害を与えたようだが、費用対効果からは限りなくゼロに近いもので、これらを真剣に発想したとは、悲しささえ感じる新兵器である。

軍の上層部は、戦争終結の見通しが立たず、戦う力が残っていないのに戦うという、ただただ結論を先送りにした罪は重いと言わざるを得ない。

ドイツは日本と考えの違う特攻をしていた

自己の死が確実とされた場合、その死を有効なものにするのは敵も味方もない。真珠湾攻撃で燃料タンクに被弾した飯田大尉機は、真珠湾の格納庫に体当たりしており、珊瑚海海戦で索敵し敵機動部隊を発見した菅野機は、帰路に味方攻撃機に出会い、残り燃料が帰還できるだけしかなかったが、味方攻撃機を誘導していた。

ミッドウェーで被弾した米陸上機は、火炎に包まれながら空母赤城の艦橋に体当たりしてきたこともあり、マリアナ沖海戦で、空母大鳳《たいほう》を発した小松機は、米潜水艦アルバコーアが発した魚雷が、大鳳の右舷に向かう雷跡を発見し、垂直降下で魚雷に体当たりしているなど、自己の死を効果的にしようとした例は数多くある。

日本軍の特攻に刺激されたドイツ空軍でも、アメリカ第八空軍のドイツ本土爆撃を、エルベ特別攻撃隊を組織し、航空機での体当たり攻撃で阻止しようとした。

ドイツでは爆撃機への体当たり攻撃を、一九四四年以前から計画していたが、空軍総司令官ゲーリングやヒトラーは自殺行為としか思えないと否定的であった。とくにゲーリングは、自殺を前提とするのはゲルマン的な戦い方ではないと強く反対していた。しかし、ジェット機生産が軌道に乗るまでの時間稼ぎとして、爆撃機を止めるという主張が通り、搭乗者の自由意思であることを条件にヒトラーは承認した。

一九四五年三月に、志願者三〇〇人が集められた。ドイツでも機材不足とベテランパイロットの不足が深刻化しており、志願者の多くは訓練途中の若い飛行士で、ほとんどの者に実戦経験がなかった。特攻要員の技量が低下していたのは日本と同じである。

しかしドイツでは、「自殺を前提にした作戦ではない」という思想が徹底していた。使用する特攻機にはＢｆ１０９戦闘機が選ばれた。比較的長いエンジン部が衝突時の衝撃を多少なりとも受け止め、飛行士の生存率をわずかに高め、また機体の断面が小さく鋭い形状が、敵爆撃機により大きな打撃を与え得ると考えたのである。

体当たり機は敵爆撃機のコクピットを切り取るためプロペラを改造し、機銃、照準器、座席後ろの防弾版、無線送信器を取り外して機体を軽くし運動性能を高めたが、コクピットからの脱出装置は残し、パイロットは衝突の直前に脱出して生還することとしていた。またパイロットが生き残るための戦術として、脱出しやすいように背面飛行での体当たりも教育された。それでも隊員の九〇％の死亡が予想されていた。

一九四五年四月七日、アメリカ軍は一三〇四機の重爆撃機と七九二機の護衛戦闘機での大規模なドイツ本土爆撃を行った。エルベ特攻隊は初陣で参加。特攻機の受信機からは、隊員を鼓舞するためにドイツ国歌や女性の声で連合国への報復を訴えるスローガンが繰り返し叫ばれていた。この時一八〇機の特攻機が出動したが、大半が撃墜されるか、機体の故障で不時着をしていた。

ドイツ軍では、アメリカ軍爆撃機六〇機以上を体当たり攻撃で撃墜したと報告しているが、アメリカ軍側では、一七機が体当たり攻撃によって撃墜されたとしている。

結局、ドイツ空軍はこの大空襲を阻止できなかった。そして特攻の効果に対する疑問も出て、エルベ特攻隊は解散。この作戦が最初で最後のものとなった。

戦後、エルベ特攻隊で生き残ったパイロットが、アメリカのドキュメンタリー番組「ヒストリー・チャンネル」のインタビューを受けていた。彼は「爆弾の一部として搭乗員を位置づけ、必ず死ぬことを前提とした日本の特攻隊とは違っていた。われわれの場合はわずかながらでも生存の可能性を残し、兵器として飛行機を操縦していたのだ」と日本の特攻との違いを強調していた。

日本の特攻の多くは海上で、ドイツの陸地上空とは、コクピットから脱出しても生存率が違うが、それを割り引いてもドイツと日本の戦争の考え方の違いが見える。キリスト教では、神から与えられた命を自ら断つことを禁じたこともあるが、ドイツでは合理的な攻撃方法や機材を揃え、少しでも生き残る可能性を追求しようとした。反面、日本は死ぬことのみを目的化していた。

死の花道を求め、部下を従えた「最後の特攻」という無責任

先に触れた、私が若い頃にお世話になった元海軍パイロットは、終戦時に九州大分の宇佐《うさ》基地にいて、無責任そのものの現場に立ち会っていた。天皇の玉音放送の後、午後遅く第五航空艦隊司令長官宇垣纏《うがきまとめ》中将が、彗星《すいせい》艦上爆撃機一一機を従えて沖縄に特攻を仕掛けると聞き、見送りに行ったが、宇垣中将の特攻はどうしても納得でき

なかったという。

「長官は飛行服ではなく平服でした。通信員席に乗り込み通信員の後ろに立ち、穏やかな表情で挙手の礼をしていました。しかし私はどうしても敬礼する気にはなれず、ひたすら長官を睨み付けていました。後ろのほうで、あいつ一人で死ねと言う声が聞こえました。私もその声に心の底から同感でした。周りを見ると敬礼をしないのは私だけではなく皆無言で長官を見つめていたのです」

宇垣長官が、今になって出撃するのは、陛下の意向に反して戦争を続けようという大それた意図ではなく、立場上死なねばならないので、部下の搭乗員たちに供をさせて死に行くのだ。「拳銃自殺や切腹より、航空艦隊の長官らしくパッとした花道が欲しかったのだと思う」と、彼は言った。現場の雰囲気はそのとおりだったのだろう。

特攻に向かう宇垣司令長官

大局に立って決断できないまま、終戦という結論を先送りした軍指導層と、死に対する日本人独特の感性が、一層特攻隊を悲惨なものにしてしまったと言えるだろう。

宇垣長官の最後の花道につき合わされた搭乗員は二二人。死なくても良い若い命だった。

第四章

現実を省みない組織の先送り・不決断体質

南方に残された日本軍戦車の残骸

戦術の転換に不対応すぎた日本
陸海軍のセクショナリズムがアメリカの民間力に敗れた

日本機に致命的打撃を与えたVT信管

一九四四年六月、アメリカ軍はマリアナ諸島に、日本本土爆撃用の基地を獲得する作戦を実施。その一環としてサイパンに上陸部隊を差し向けた。

その船団の護衛に当たったのがミッチャー中将指揮の米海軍第五八任務部隊である。それに対して小沢治三郎《おざわじさぶろう》中将率いる第一機動部隊が、マリアナ西方海域で迎え撃った。これがマリアナ沖海戦と呼ばれ、海軍戦力の主力が航空攻撃に転換したこと、それにともなって艦隊運用はじめ戦術・戦法が大きく変化したことを証明した戦闘であった。

その核となったのが、アメリカの民間企業が開発したエレクトロニクス技術と、それを兵器として運用する防空システムの実用化であった。そのため、マリアナ沖海戦はこれまでの戦闘とはまるで違った様相となったのである。

一九四〇年、アメリカは世界恐慌の不況から完全に立ち直ることができず、ニューディール政策同様に、政府の公共事業の一環として民間企業に対する投資を行った。新しい産業の開発と発展を促し、経済の浮上を図るのが基本的な目的であった。

これに基づいて、ルーズベルト大統領はその年の六月、全米四〇〇の大学、研究所から三万人の研究者を集め、政府主導の技術開発のプロジェクトを立ち上げた。

その中では軍が大きく関与し、軍は民間の技術を応用して、最新鋭の兵器開発推進に投資。中でも最新鋭技術であったエレクトロニクス分野が注目されていた。

海軍は砲弾の命中精度を飛躍的に向上させる技術開発を要求。これに対してカーネギー研究所が積極的な反応を示した。ここで提案されたのが高射砲弾の新しい信管の開発である。

これまでの高射砲弾の信管は時限式信管であった。これは予《あらかじ》め砲弾の破裂する時間を調節して発射するもので、設定時間が合わないと標的が通過した後に破裂したり、手前で爆発したりしてしまうのが欠点であった。当時の高射砲弾は、時限方式が標準装備のようになっており、日本軍もこれを開発し使用していた。

計画された新しいＶＴ信管は近接作動信管である。これは、砲弾の中に真空管と電

時限信管とVT信管

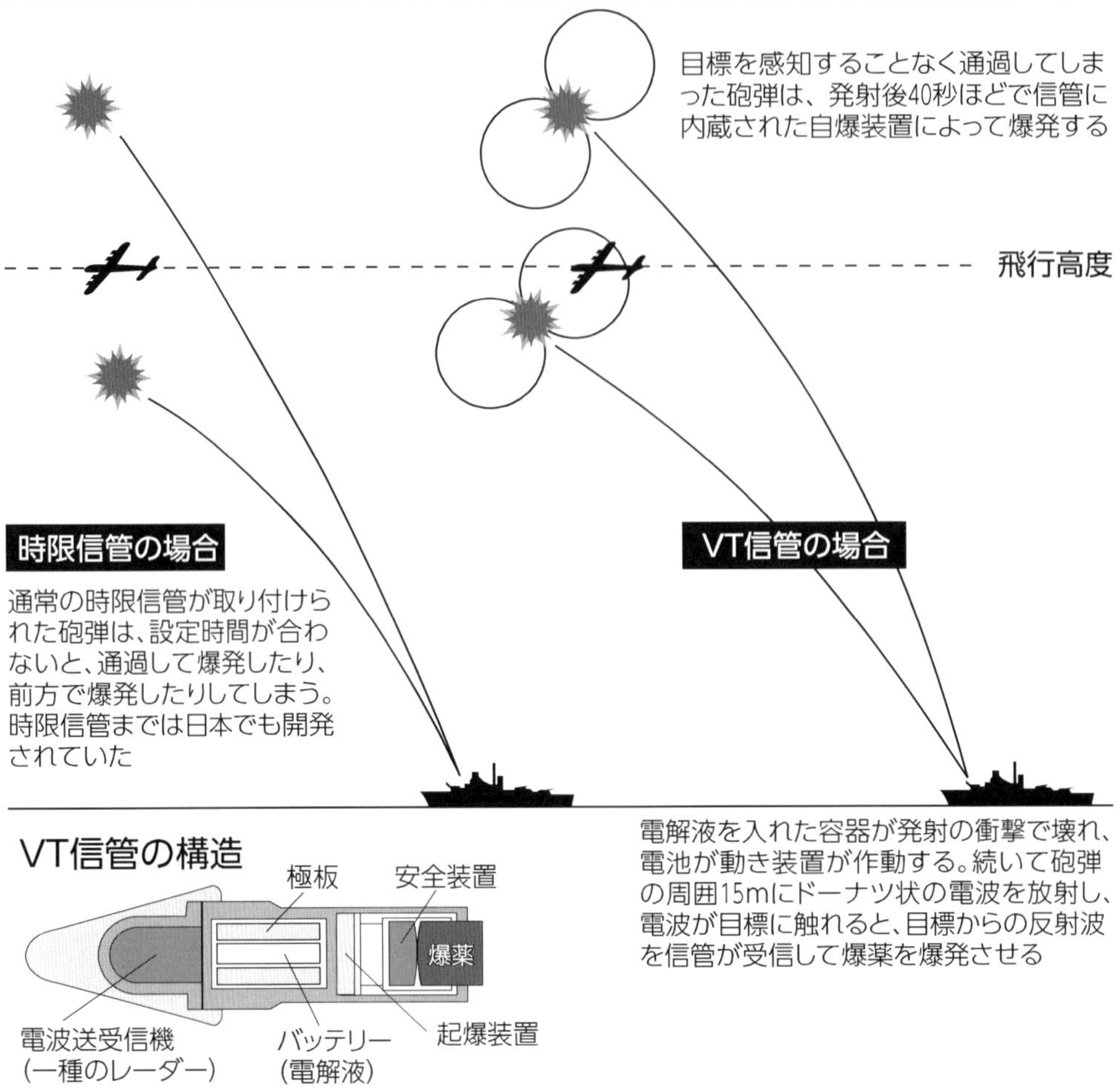
目標を感知することなく通過してしまった砲弾は、発射後40秒ほどで信管に内蔵された自爆装置によって爆発する
飛行高度
時限信管の場合
通常の時限信管が取り付けられた砲弾は、設定時間が合わないと、通過して爆発したり、前方で爆発したりしてしまう。時限信管までは日本でも開発されていた
VT信管の場合
電解液を入れた容器が発射の衝撃で壊れ、電池が動き装置が作動する。続いて砲弾の周囲15mにドーナツ状の電波を放射し、電波が目標に触れると、目標からの反射波を信管が受信して爆薬を爆発させる
VT信管の構造
極板
安全装置
爆薬
電波送受信機
（一種のレーダー）
バッテリー
（電解液）
起爆装置

解液を入れた容器を組み込み、発射の衝撃で壊れた容器の中から電解液が出て電池が働いて装置が作動。砲弾の周囲一五メートルにドーナツ状に電波を放射。電波が目標に当たるとその反射波を信管が受信して爆薬を爆発させるというもので、現在のミサイルやスマート爆弾の基本となるものである。

当時、もっとも問題となったのは、砲弾の発射時の衝撃に耐えられる超小型の真空管の開発である。まず、この真空管を作る素材が研究された。当時、アメリカでも新しかったプラスチックをはじめ、さまざまな素材を使って数千種の試作品を実際に砲弾に組み込んでテストしていった。

その結果、一九四一年に二万G（地球上の重力の二万倍）に耐えられる真空管の開発に成功したのである。そして、数々の実用試験を経て実用化に成功したのは一九四二年四月。実験の結果は上々で、時限式の信管を使用した砲弾に比べて命中率は二〇倍にも達した。この砲弾が全海軍艦艇に配備され、マリアナ沖に展開した第五八任務部隊には戦闘直前に配備されていた。

マリアナ沖海戦で画期的なことは、米機動部隊がVT信管を備えた砲弾を活用する防空システムを作り上げていたことである。この防空システムは艦隊上空のみならず、もっと広い範囲をカバーする航空戦力もシステム化していた。

この防空システムの発想は、真珠湾、マレー沖海戦などで、日本軍航空部隊の攻撃により、多くの艦船が撃沈したことにある。

ミッドウェー海戦で日本軍機動部隊を撃滅した戦訓もあり、米軍はそれらを徹底的に研究した結果、エレクトロニクスを使った情報の収集と発信により、いかに防空システムを作り上げるかに集中したのである。

この防御第一主義は、新しく開発された戦闘機グラマンＦ６Ｆヘルキャットにも十分生かされている。米軍はアリューシャンその他で鹵獲《ろかく》したゼロ戦を徹底研究し、ゼロ戦の欠点は防御力の弱さにあると突き止めた。

ゼロ戦の持つ航続距離の長さと軽快な旋回能力は、無線機さえも搭載を外すような徹底的な軽量化にあり、そのために防御措置は採られていない。それはゼロ戦が搭載したエンジン馬力が低いため、やむを得ず採られた措置であるが、ここが日本の総合的な技術的限界であった。

Ｆ６Ｆはその欠点をすべて補い、ゼロ戦をはるかに上回る性能を備えていた。その上、燃料タンクを分厚いゴムで覆《おお》い、コクピットは硬い鉄板で囲んでパイロットの命を守ることを徹底した。

アメリカ軍首脳の考え方では、この防御措置はコスト・パフォーマンスを飛躍的に上げる処置であった。当時のアメリカ軍の常識では、パイロット一人育て上げるためには二年の歳月と七万五〇〇〇ドルの費用がかかるとされていた。

パイロット養成コストを、現在の貨幣価値から換算すると約二億ドルにもなるから、Ｆ６Ｆの設計思想は極めて常識的なものであったと言えよう。

マリアナ沖に展開する第五八任務部隊は、これらの装備を効率よく的確に運用するシステムも備えていた。潜水艦からの報告で小沢艦隊の動向をつかんだミッチャー司令官は、対空捜索レーダー搭載の哨戒《しょうかい》駆逐艦を、あらかじめ日本艦隊方向二八〇キロメートルまで出し、日本海軍機の近接を探知した。

そして、エセックス級航空母艦群に配備された、最新型の方位と距離を測定するSKレーダーと高度を測定するSM－1レーダーで割り出した位置情報に基づいて、日本側攻撃機編隊の飛行方向を予測し、四〇〇機のヘルキャット戦闘機を発進させた。

日本軍攻撃隊の前方七〇～八〇キロメートルで、攻撃に最適な高度四二〇〇メートルの位置で待ち受けた。第五八任務部隊の旗艦であるエセックス級空母レキシントンにはCIC（Combat Information Center＝集中戦闘情報指揮所）が設置されており、前方展開していた哨戒駆逐艦や他の空母など、自艦と同じ最新型レーダーを搭載した艦を含む傘下各部隊、それに加えて早期警戒管制機の元祖とも言える高性能レーダーと、強力な無線機を搭載している特別仕様の艦上攻撃機が戦闘空域近くを飛び、それらが各々探知した日本軍機編隊の情報を集中するようになっていた。

当時のCICは戦闘に関する情報の処理、統合、分析をほぼ完全に手動で行っており、旗艦のレキシントンのCICだけで一〇〇人のオペレーターがいた。このオペレーターたちはさまざまな情報を基に戦況を正確に把握し、無線で航空機に次の行動を予測して指示することができたのである。

空中待機中の戦闘機隊は、向かってくる日本機の編隊ごとに振り分けられ、迎撃にもっとも適した空域に誘導管制される。空中戦開始後は各戦闘機隊の指揮官が現場指揮を執って逃げ惑う日本軍機を追い詰めていった。

このようなアメリカ軍の艦隊防空システムは、真珠湾、マレー沖海戦、ミッドウェーと続いた海戦で得た教訓を生かして組み立てられたものである。それは海軍の戦力の中心が航空機に移ってしまったことを、日本軍の航空攻撃により身をもって知った結果であった。

日本の新戦法が通じないアメリカの新兵器

一方の日本軍も、これまでの海戦の分析により戦術の転換があった。マリアナ沖海戦の当事者であった小沢中将も、これまでの海戦を分析研究した。その結果は、ミッドウェー海戦で日本がやられたように敵空母の飛行甲板に損傷を与えること、ミッドウェーの失敗を繰り返さないために、敵より先に敵を発見することだった。そのためには攻撃兵力を割いてでも索敵するなどの方法を研究するよう、幕僚に指示していた。

しかし、艦隊の防御については、陣形をこれまでの箱型から輪形陣に代えること以外に言及がなく、逆に人命より艦を尊重し、飛行機は弾の代わりとする考えを強調したのである。

これらの戦術思想から考え出されたのが「アウト・レンジ戦法」である。空母はアメリカ軍機の航続距離範囲外にいてその攻撃から逃れ、航続距離の長い日本軍機が敵空母を攻撃するというのが基本となった戦い方である。

当時、日本軍機の航続距離は四〇〇浬《カイリ》（約七四〇キロメートル）、米空母艦載機は二五〇浬（約四六〇キロメートル）だから、この差を利用すれば、米軍の攻撃を受けることなく、日本艦隊は生き残り、米艦隊は壊滅するという計算であった。

VT 信管により撃墜された日本機

攻撃は二段構えとし、まず航続距離の長いゼロ戦に爆装を施し、先制奇襲で敵空母の甲板に大穴を開け、艦載機が飛び立てないようにする。その後、主隊の航空機で反復攻撃してこれを撃破。追撃は前衛戦艦が全軍突撃し、艦砲によって決着をつける。

アウト・レンジ戦法では戦力の主役を最終的には艦砲射撃とし、艦隊決戦に持ち込むという結論となっていた。小沢長官はこの戦法に絶対的な自信を持ち、勝利を信じて疑わず、旗艦に勝利後の祝宴のための軍楽隊まで搭乗させていたと言われている。

マリアナ沖海戦では、アメリカ軍の防空システムがほぼ完璧に作動し、日本軍にとっては思いもよらない事態となった。日本軍機の大半が米空母群の上空に達する前に撃墜され、二日間の攻防戦で日本艦隊は新鋭空母大鳳《たいほう》を含む三隻の空母を失い、艦載機三九五機を失った。アメリカ軍側の損害は空母二隻小破、航空機一三〇機である。

アウト・レンジ戦法で日本のパイロットは二時間半におよぶ飛行を強いられ、爆弾を抱えて重くなったゼロ戦はＦ６Ｆの敵とはなり得なかった。防空システムを潜り抜けて敵空母上空に達した日本軍攻撃機や雷撃機は、三〇〇〇メートル上空でＶＴ信管付の砲弾に捕捉され、敵艦に接近すればするほど確実に砲弾が命中。次々に撃墜されてしまった。

アメリカ軍がこのアウト・レンジ戦法を揶揄《やゆ》して「マリアナの七面鳥撃ち」と言うほど、日本軍は一方的な敗北となり、空母部隊による戦闘能力を喪失した。これにより、マリアナ諸島の大半はアメリカ軍が占領することになり、西太平洋の制海権と制空権は完全にアメリカの手に落ちた。

民間の力を活用できない日本の敗北

小沢艦隊が完敗した原因について、さまざまな要因が挙げられている。たとえば戦力差で日本側の艦艇数五五隻、空母九隻、航空機四三〇機に対し、アメリカ側艦艇数一一二隻、空母一五隻、航空機八九一機で、数の上から見ても日本側はアメリカ軍の約半分でしかなかった。

アウト・レンジ戦法で、母艦発着がようやくできる程度のパイロットを使わざるを得なかったことなども言われている。しかし、もっとも大きな要因は、日本海軍が自ら証明した海戦の主力が航空機へと完全に移行していたことで、したがって防空システムをいかに構築するかが極めて重要な課題となっていたことへの、アプローチの仕方にあった。

日本国内でも、かなり早くからレーダーの研究をしていた。日本は一九四〇年に予定されていた東京オリンピックでは、テレビ中継を計画しており、相当な程度にまでエレクトロニクスを応用した通信システムの研究は進んでいたのである。

後にレーダー開発の基礎になった画期的な八木アンテナが特許を取得したのが、

一九二六年と世界でも早い時期であった。アメリカ軍のレーダーも八木アンテナを応用したように、日本での民間の技術力は当時の世界基準からも、決して見劣るものではなかったのだ。

当時の日本社会では、このような民間の最先端技術に、大きな投資ができる主要な存在が軍であった。陸海軍とも独自に研究者を集めて、レーダーの開発はやっていたが、陸海軍のセクショナリズムの壁に阻まれ、アメリカ軍のように多様な運用ができず、開発が進まなかった。

中でももっとも障害になったのは、軍当局の無理解である。たとえば海軍ではその基本戦術を、日露戦争当時の戦闘を基礎に据えた「海戦要務令」の枠組みから決して離れようとはしなかった。

この「海戦要務令」の根底には、西太平洋に米艦隊主力を迎え撃ち、艦隊決戦で勝利するというものがあった。世界の海軍の中で、もっとも先鋭的な航空攻撃を成功させながらも、航空部隊も潜水艦部隊も、艦隊決戦の支援戦力の域を出ていないのだ。

海軍のエリートたちは艦隊決戦の方式だけを研究し、先制攻撃による華々しい艦隊決戦こそ、戦闘を決するという発想から出ることができなかった。味方輸送船が攻撃され補給が覚束《おぼつか》なくなっているのを知りながら、敵の輸送船を積極的に攻撃しようとしなかった。そうしたことから見えてくるのは、ドイツやイタリアと協力する全世界的な戦略はおろか、太平洋の島々の争奪戦などは考えたこともない戦闘に対する認識であった。

艦隊決戦に固執する発想からは、航空機からの攻撃を防ぐ防空はほとんど考えられなかった。というよりも、攻撃最優先の海軍的発想からは、レーダーなどの防御用装置は必要なく、これがあるために兵の攻撃精神を削ぐという意見が軍の中枢部を支配していた。改革を望まない発想により、民間の学者や研究者を登用して、研究を支援するという考えはほぼ皆無であったのだ。

海軍要務令の想定した世界は、ハワイ、マレー、ミッドウェーの各海戦で破綻したことが明白であったにもかかわらず、日本海軍はこの変化についていけなかった。

マリアナ沖海戦では防御を固め、戦闘の変化に対応したアメリカ艦隊に対して、小沢艦隊は日露戦争時代と同じような艦隊決戦を求めた上での完敗であった。ここに状況の変化に対応できなかった日本型組織の硬直した典型的な姿が表れていたのだ。

統制経済が新兵器開発を遅らせた
官僚による民間経済介入は新しい発想を妨げた

統制経済前はゼロ戦などの最先端兵器を生んでいた

イノベーションは、自由奔放なアイデアの中から生まれてくる。つまり、民間企業の自由競争をもっとも必要とする分野なのだ。

アメリカ軍のVT信管も高性能レーダーも、民間の技術者の間からアイデアが生まれ、軍はそれを兵器に仕立てる方向性を示し、そのための研究費用を民間の研究所に投資して組み立てていったのである。

その点、日本は統制経済という正反対の方向に進んだ。統制経済とは官僚至上主義であって、官僚をコントロールする君主や議会・政府を排除することで成立する。これを推進した動機は第一次世界大戦で学んだ総力戦であった。

来るべき戦争では、生産力のすべてを戦争遂行に傾注しなければならない。そのためには統制経済を導入し、国力を充実させなければ、勝利の見通しが立たない。官僚が主導せねば、日本経済の成長・景気回復は不可能というものだ。

陸軍の永田鉄山《ながたてつざん》は国内の統制経済を推進し、同じ動機で石原莞爾《いしわらかんじ》は満州国を作り、その地の地下資源、食糧生産力を利用し国力を増強し、アメリカと戦い勝利する力をつけようとした。いずれにしても近代戦を戦って、日本を列強に勝利できる国に仕立て上げようとするもので、軍人による軍人のための政策であった。

戦後の日本は驚くべき高度経済成長を遂げたが、何の根拠もなく高度経済成長を実現したのではない。戦前でも一九一六年から三六年までの二〇年の間、一人当たりのＧＮＰを平均八・九％も伸ばし、高度成長を遂げていたのだ。これは一九五〇年から七〇年の二〇年間の一〇・二％に次ぐ成長である。

一九二九年の世界大恐慌からも、日本はいち早く立ち直った。米ドルベースの戦前のＧＮＰピークは一九三六年だが、一九三八年に近衛文麿《このえふみまろ》内閣によって国家総動員法が制定され、日本経済は低迷に転じたのである。

戦後、国内の産業基盤がほとんど破壊されていたこともあるが、一人当たりのＧＮＰが一九三六年の水準に戻ったのは一九五七年であった。

では統制経済体制が、第二次世界大戦で軍部が目論んだような役割を果たしたかと言えば、結果はその正反対であった。

戦中の日本の軍需生産はアメリカの一割以下に過ぎなかった。元々は軍需産業とGNPは比例したものであり、長期戦においては戦争遂行能力と変わらない。GNPの大小が軍事研究能力と新兵器開発に大きな影響力を持つ。なぜなら新兵器の多くが民生用品の転用であるからだ。日本軍が第一次世界大戦で大量の火薬を製造できたのは、化学肥料製造のために発明された空中窒素固定法が存在していたからである。

陸上戦闘において画期的な新兵器となった戦車の登場も、農業用トラクターが日常的に使用されていることが大前提であった。使い慣れたトラクターを改良して、道路のない所をキャタピラー走行するシステムを作り上げたのである。

日本では石油自給能力の乏しさが艦隊運用や陸軍の機動力、さらには軍需生産にも決定的であったと説明されることが多いが、同じく石油を自給できなかったドイツは、自給可能な石炭から人造石油を製造して相当程度の苦境を凌《しの》いでいた。石炭なら日本でも採取できたのである。

官僚による民間経済介入は、軍事研究においても致命的な阻害要因になったが、統制経済が導入される前に試作を始めたゼロ戦や九七式艦上攻撃機、九九式艦上爆撃機は当時のアメリカの軍用機を凌ぐ性能があり、世界でも最先端の兵器であった。

ところが統制経済後に開発設計された日本の軍用機のほとんどが、米軍機に劣ったのである。一九三六年以前には民間メーカーに競争試作させていたが、統制経済方式が始まった三六年以降は指名入札方式に転換され、民間会社同士の競争による技術開発より、その一社が一つの新機種開発に専念できる一社独占のほうが効率的だとされたのだ。

自由な競争を排し、自分たちの統制下に民間企業を置くというのが官僚的発想であり、陸海軍発注部門は企業にとって絶大な権力を持つ。当然のことながら、企業と軍官僚の間に腐敗の構造ができ、天下りの道筋も確保できることは否めないだろう。

統制経済による競争回避の構造は、新興企業の参入を妨げ、既存大企業を優先することとなり、中小企業を合併などの手段で消滅させるのである。

これによって新技術の開発、これまでになかった角度からのアイデアなど、今で言うイノベーションの芽を摘み取ってしまったのだ。

ゼロ戦を凌ぐ戦闘機を生んだアメリカの新興企業

Ｆ４ＦやＦ６Ｆなど、ゼロ戦を凌ぐ戦闘機開発に携わったグラマン社は、大恐慌の中で設立されたベンチャー企業であった。
同じくドイツの名戦闘機Ｂｆ１０９を設計したメッサーシュミット社も、個人創業による企業であり、搭載エンジンは一八八六年に世界で初めてガソリンを動力とする車両に関する特許を取得したベンツ社製だ。

緒戦では〝向かうところ敵なし〟だった海軍のゼロ戦

ベンツ社の民間車とエンジンは世界各地に輸出され、その技術的完成度の高さで世界中から称賛されていた。そのライバル戦闘機スピットファイアを開発したスーパーマリーン社も、レース用の飛行機を設計した新興企業であった。

それに比べて、主力航空機メーカーの三菱《みつびし》、川崎《かわさき》は重工業の造船会社出身の名門企業だ。中島《なかじま》だけが海軍退役将校であった中島知久平《ちくへい》が設立した新興企業であり、例外であった。ゼロ戦に搭載され、空冷一〇〇〇馬力級では、世界でもっとも優れた「栄《さかえ》」エンジンはその中島が開発したものである。

ゼロ戦は第二次世界大戦初期の戦闘機として、世界の最高水準の性能を持った機体であり、設計が開始された一九三六年当時の日本の航空技術水準がいかに高かったかを象徴していた。だがメーカーである三菱の名が一般に知られていたわけではない。陸軍戦闘機の隼《はやぶさ》、飛燕《ひえん》もメーカー名が付けられていないが、コードネームとしての名称があったから良いほうだろう。

海軍の場合、初期に開発された航空機は零式艦上戦闘機、九七式艦上攻撃機、九九式艦上爆撃機であって、コードネームすらなかった。後には天山《てんざん》艦上攻撃機、雷電《らいでん》、紫電改《しでんかい》などのコードネームが知られるようになったが、これは何々式とすれば、制式採用された時期がわかり、逆算すれば開発年度などが判明し、性能が推測される可能性が高いとの判断があったからだと言われている。

ともあれ、これらのネーミングに表れているのは官僚の統制と、それが生み出した極度の秘密主義が民間メーカーとしての個性を消し、国民の間の愛称すら不必要にしてしまったことである。

陸軍の隼は旋回力に優れ敵を悩ました

日本ではメーカーは陸海軍の指示を待ってから、試作機を設計することになってしまっており、民間企業から提案することなど思いもよらぬことである。同じく統制経済下のドイツでさえ、世界初のジェット戦闘爆撃機の開発に成功したのは、ハインケル社が提案し試作機を製作してみせたからである。日本の統制経済はドイツより民間活力を削いだ体制であり、軍官僚の支配する世界であったのだ。

このような体制からは、新兵器の開発はおろか、必要な武器の供給にまで弊害をおよぼした。たとえば、陸軍の基本となる銃の問題である。陸軍では九九式歩兵銃を制式化したが、結局敗戦にいたるまで全将兵に行き渡らなかった。多くの兵士は一九〇五年の日露戦争時に制式化した、三八式歩兵銃を使っていたのである。セミ・オートマチック銃を使用していたアメリカ軍に対抗するにはあまりにも古すぎ、銃を発射するよりも銃剣を付けて肉弾突撃するしか方策がなかったというのが実情であった。

戦闘機にしても同様のことが言える。主力の一式戦闘機隼は開戦時にはわずか四〇機しか揃っていなかった。した

緒戦の米軍主要機 F4F ワイルドキャット

F6Fヘルキャットはゼロ戦を圧倒した

がって陸軍の戦闘機の大半は固定脚の九七式戦闘機のままでアメリカ、イギリス相手に戦争を始めてしまったのである。

第二次世界大戦勃発時での列強の主力戦闘機の中で、固定脚はこの九七式のみである。開戦当初の保有戦闘機数ではアメリカはカーチスP40を四九〇機。イギリスはホーカーハリケーンを一〇〇〇機、さらには最新鋭の戦闘機スピットファイアは八〇〇機がすでに配備されていたという。

問題は数だけではなかった。たとえば、日本陸軍の九七式重爆撃機は、アメリカの中型爆撃機と大きさは似たり寄ったりで爆弾搭載量はほぼ同じだが、同程度の米軍中型爆撃機ノースアメリカンB25ミッチェルと比べて速力は遅い。四人乗りの九九式双発軽爆撃機の爆弾搭載能力はカーチスP40戦闘機と同程度というように、日本陸軍が言う「重」は列強の「中」程度でしかなかったのである。生産力だけではなく、生産技術においても日本軍の兵器は欧米と比較して劣っていたようだ。

兵器の開発と運用に見る日米の「思想」の違い

前にも述べたが、若い頃大変親しくしていただいた人は、海軍予科練二期生で海軍偵察機のパイロットとして真珠湾、マレー沖、珊瑚海、ミッドウェー、マリアナ沖、レイテと、日米海軍の主要な海戦に参加して生き延びてきた。

この人は、南方戦線で鹵獲《ろかく》したアメリカ軍のP40と、イギリス軍のホーカーハリケーンのコクピットに座ったそうだ。その時の感想をこのように語っていた。

「二機にはそれぞれ違う時期に操縦席に座ったが、双方とも体格の違いがあるからだろうが、日本人にとっては広く感じた。そして、何よりも感心したのは、足元が乾燥していて実に気持ちいい。日本の飛行機はたとえ新品であっても、足元からオイルがジワッとにじみ出てくる。細かい所が実にしっかりと作ってある感じであった。日本機は駐機していると何かしらのオイル漏れが目立ち、飛行場上空を飛べば、オイルが漏れた跡が視認でき、たとえ飛行機がなくとも基地にいる飛行機の数がオイル漏れの跡で推測できた」

だとすれば、日本の整備員がいくら優秀で、昼夜を問わず整備に勤《いそ》しんだとしても限界がある。

私の義父の経験談もこの点においては参考となる。義父は第一次世界大戦で、日本が鹵獲したドイツの商船に乗り組んだ経験がある。その当時でも船齢は二〇年を超えた船体であったが、義父の専門であるエンジンは、日本の同程度の大きさのディーゼルエンジンよりも出力がはるかに高く、振動も少なかった。

その上、エンジンを固定する装具が実にしっかりしていて、エンジンの振動が伝わらない工夫がなされており、日本の船舶のエンジン・ルームより広さに余裕があり、快適な環境であったという。

そしてこう言う。

「米英に比べて、日本の艦船が攻撃を受けて沈む率が高いのは、社会的な差だと思う。日本の船は伝声管《でんせいかん》が艦内くまなく繋がっている。それが破壊されて水が入れば、伝声管を伝わった水がアッという間に艦内に広がる。それに加えて伝声管は金属でできているから巨大艦になればなるほど全体の重量が増す。したがってその分装甲を削らなければならなくなるから弱い所ができてくる。伝声管を使わなければならないのは、乗組員は日常生活で電話を使い慣れていないからで、電話機の音声を聞き取れない場合が多い。ましてや騒音だらけの航行中ならなおさらだ。欧米では艦内の連絡は電話を使う。こういう生活の中での社会的な差が戦闘にも影響を与えていたと思う」

このように兵器の運用と製造には、その国が抱えている社会の存在が大きく影響を与えていたのだ。こうした声は上部に伝えられただろうが、それに対応できなかったのだろう。何しろ戦闘機の旋回能力を高めるために重量を軽くしようとして、無線機を外し、ガソリンタンクにゴムを貼らなかったのだから。

本質的なイノベーションに取り組めない日本企業

現在の日本社会は、当時とはまったく違う位相にあることは確かだ。しかし、現在起きているさまざまな事象から見れば、組織の運用面で当時と本質的な部分はあまり変化していないのではないだろうか。

ソニーは、一世を風靡《ふうび》したウォークマンを作り、世界を席巻しただけでなく、新しいライフスタイルを創造する推進役ともなった。日本がちょうどデジタル革命に差しかかっていた一九九九年当時、インターネット時代のポータブルオーディオを支配するのはソニーだと誰もが思っていた。

しかし、組織が分断化し全体を見渡せない視野狭窄《きょうさく》に陥っていた。社内の異なる部門が、同時に同じ新製品を作ってしまい、三つの製品が登場。その結果、自社製品同士で「共食い」が起き、結果としてどの商品もあまり売れなかったのだ。

そして新時代の製品開発に失敗し、アップルにその座を取って代わられてしまったのだ。素晴らしい技術者がいて、成果を出していた組織が、技術的に最高水準を保っていながら製品が売れないという現象は、ソニーのみにあったことではない。

シャープが長年扱ってきた「シロモノ家電」と言われる冷蔵庫や洗濯機は、開発からかなりの時間が経っているため、生産技術の完成度が高く、熾烈な価格競争にさらされやすい。中国や台湾のメーカーは、日本企業の現地工場で育った技術者を中心に、安価な労働力を使って製品コストを下げ、新興国の市場に浸透していった。生産規模が上がると、さらにコストを下げることができ、一段と競争力を高めていく。これはかつて日本の企業が通ってきた道でもある。

日本企業の進出がアメリカの家電業界をほぼ消滅させ、日本企業もこのまま無為無策でいたら、いつかは取って代わられると承知していたはずである。ところが、ほとんど意味をなさない、スマホでの遠隔操作ができる洗濯機や高画質のテレビの開発に向かうという、組織として視野狭窄に陥り、不要な機能が付いた製品が市場に出されたが、世界のマーケットから受け入れられず、惨憺《さんたん》たる状況になり経営不振に陥った。

ここには本質的なイノベーションに取り組めず、変化に対応できないという、戦前の日本型組織の弊害が残っていたと言えるのではないだろうか。

嘘に嘘を重ねて敗北を先送りした日本
誤報・虚報を訂正できない自己保身体質が被害を拡大させた

敗戦情報を隠蔽する海軍の体質

一般的に太平洋戦争の通史が語られる場合、ミッドウェー海戦での日本海軍の大敗北がターニングポイントとなって、戦局がアメリカ有利に展開していくと語られる。後の分析で、ミッドウェー敗北の原因として第一に挙げられたのが「情報」の取り扱い問題であった。アメリカ軍は日本海軍の暗号電報を解読し、それを基に兵力を適正に運用し、全体として数に勝る日本海軍に勝利した。

つまり、この戦いが時代を画したのは、情報の収集から分析、それに基づく兵力の運用など情報を適正に利用して戦う、効率の良い戦闘方式であったことが基本にある。この新方式の戦闘に対応する新兵器の開発、運用、戦術などの戦闘そのものの構造的改革が必要となってくる。換言すれば、イノベーションが必要となった新しいステージの誕生である。

このことに日本海軍はまったくと言っていいほど無関心であった。と言うより、むしろ現実を情報操作してまで隠蔽しようとしていたのである。空母四隻が撃沈された海戦の結果を、海軍は国内向けには「空母一隻喪失、一隻大破」と事実とは異なる発表をしていた。そのためミッドウェーでの敗北は一般国民はおろか、陸軍にも知らされず、知っていたのは海軍の一部でしかなかったのだ。

海軍は、この虚報の辻褄《つじつま》合わせと情報の漏洩を防ぐために、ミッドウェーでは生き残りの将兵を隔離して社会との接触を断たせ、密かに前線に送り込んだのだ。敗北した将兵たちの貴重な現場の声を拾い集める作業をせず、敗因を徹底的に追及するという軍人として当然で合理的な行動を採らなかったのである。

戦争全体にかかわる重大な情報を隠蔽する体質は、日本人独特の「恥」や「見栄」の感情から生み出された、無責任な組織原理にあったと言えよう。したがって日本海軍は、貴重な機会をみすみす逃してしまい、ハードとソフトの両面でのイノベーションは望むべくもなく、アメリカ軍の作った新しいステージに引きずり込まれていった。

そして、もっとも問題である海軍のセクショナリズムという無責任極まりないものによって、同じことを再度繰り返してしまったのだ。

一九四四年十月十二日から十六日にかけて起こった台湾沖航空戦で、またも海軍は同じ組織的な情報隠蔽を行い、日本軍の犠牲者を増やしただけでなく、日本の基本戦略そのものを狂わしてしまったのだ。

台湾沖航空戦を大勝として自らの首を絞めた海軍

マリアナ沖海戦の敗北後、マリアナ諸島近海における制海・制空権を失った日本軍は、南方からの物資輸送が困難となり、このままでは戦争継続も不可能な状態となると危惧された。

さらにアメリカ軍は、マリアナ沖海戦以降の攻略目標をフィリピン奪還に定め、その進攻計画キングⅡ作戦を実施。最初の上陸地点をレイテ島としていた。だが、この作戦はレイテにいたるまでにいくつかの段階に分かれていた。もっとも力を入れていたのが、上陸作戦に先立って周辺地域の制空権・制海権を確保することである。

一九四四年十月九日から十二日にかけて、ハルゼー指揮下の第三艦隊空母機動部隊は空母一七隻、航空機一〇〇〇機以上を擁し、四個群に分かれて沖縄、台湾、フィリピンの北部に点在する日本軍航空基地を空爆することとなった。

アメリカ軍は一九四四年十月十日、沖縄本島ならびに周辺の島々の日本軍拠点に対して航空攻撃を行った。この任務に当たったのが主に第三八任務部隊で、翌十一日に南下してフィリピン諸島を攻撃。そして、十二日の上空に低い雲が垂れ込める中、ハルゼーの第三艦隊は全軍で台湾に延べ一四〇〇機の大空襲を行った。

日本軍はアメリカ艦隊への攻撃を開始した。海軍爆撃機銀河《ぎんが》や艦上攻撃機天山《てんざん》、陸軍爆撃機飛龍《ひりゅう》などの航空機九〇機余りが出撃したが、マリアナ沖海戦からさらにバージョン・アップした防空システムを持ったアメリカ軍の対空砲火を受け、五四機が未帰還となった。

マリアナ沖海戦では、アメリカ艦隊が発射したVT信管付き砲弾の占める割合は全体の二〇％だったが、それよりはるかに数が多く、レーダーなども戦闘経験を生かし、情報分析官や対空火砲に指令を出すオペレーターたちの技量も向上していた。

日本軍はこの事実に気づかず、何ら新しい防御策も採れず、旧来のままの攻撃方法しかできずに、いとも簡単に撃墜されてしまったのである。

日本軍の攻撃は、爆弾を空母フランクリンに一発、重巡キャンベラに二発命中させたが、致命的なものとはならなかった。

十四日、米太平洋艦隊は日本軍に対するウルトラ情報を探知し、ハルゼーの第三艦隊に転送した。それは、連合艦隊司令長官豊田副武《とよだそえむ》が、台湾に滞在していることで、豊田長官は台湾の新竹《しんちく》基地に滞在して反撃を指示し、兵力の集結を図っていたのだ。ハルゼーの第三艦隊は、延べ九四七機を出撃させ、新竹基地を含む台湾の日本軍基地に攻撃を仕掛けた。さらにアメリカ軍は日本軍機が、台湾に向けて結集しつつあることを知ったのである。

日本軍は各地から掻き集めた三八〇機を出撃させたが、事前に情報を得ていた米艦隊は、艦隊直衛戦闘機をあらかじめ攻撃に有利な位置に待機させていた。米軍戦闘機の激烈な迎撃と正確な対空射撃を受けて二四四機が未帰還となった。

ハルゼーの第三艦隊は、この日をもって予定を終了し台湾攻撃を停止し、十四日夜にはレイテ湾近海に結集しつつあった、第七艦隊のレイテ上陸を支援するために、台湾沖からフィリピン東方沖に南下を始めた。

日本軍航空隊は、十六日まで昼夜を問わず反復攻撃を行ったが、ほとんど戦果を挙げられず、被害数は増すばかりであった。だが出撃した航空隊から空母を撃沈、戦艦を撃破という華々しい大戦果が報告されたのである。

ミッドウェー海戦で多くのベテランパイロットを失った日本海軍では、この頃のパイロットたちの技量が未熟で、夜間攻撃などで撃墜された味方機の火炎を見て、空母に被害を与え撃沈と誤認して報告するようなことも多々あった。

これに対して大本営では、前線部隊からの過大な戦果報告を信じて疑わず、そのまま集計して発表したため、大戦果を発表することになってしまった。

十月十九日には、日本軍は「空母一九隻、戦艦四隻、巡洋艦七隻、艦種不明一五隻撃沈・撃破。味方飛行機の未帰還機三一二機」と発表。日本の未帰還機数は正確だったが敵の損害に対しては過大すぎる数字であった。

これに違和感を覚え、問い質《ただ》した者もいたが「この数字が間違っている証拠を示せ、戦地で命がけで戦う者を疑うとは何事だ。お前が正しければ俺はここで腹を切る、お前が間違っていれば腹を切る覚悟があるのだろうな」などと、ほとんど常軌を逸して怒鳴る高級将校もいて、疑いを差し挟む空気ではなかったという。

大本営海軍部は誤った戦果報告を天皇に奏上し、御嘉尚《かしょう》の勅語まで発表された。国民は米軍機動部隊殲滅《せんめつ》の大勝利に沸き立ち、東京の日比谷《ひびや》をはじめ日本全国で戦勝パレードなど祝賀行事が開催された。

しかし海軍は、十六日に索敵機から台湾沖で空母七隻を含むアメリカ機動部隊発見との報告を受け、極秘に戦果報告の再判定を行った。その結果、大戦果が誤認であったことを確認したにもかかわらず、嘘に嘘を積み重ねていかねばならなくなり、戦果を訂正せず陸軍にも情報を伝えなかった。

誤報を訂正できない自己保身体質

その後のレイテ沖海戦での、重要な根拠となる情報を隠したのは、天皇に上奏してお褒めの勅語をいただいたので、今さら間違いでしたとは言えなかったというものである。海軍は組織ぐるみで最高権力者を騙《だま》してしまったことに対する責任逃れと、戦争の大局を無視した組織温存のためだけのセクショナリズムを、全面に押し出した隠蔽工作を二度もやったことになる。

つまり、この時点で海軍は、戦争の当事者にはなり得ないほど劣化しており、戦略を立てる上での基礎中の基礎となる、彼我《ひが》の被害状況すらも見る目を失っていたのだ。

大戦果を発表する大本営海軍部

一方、十月十四日夜にはフィリピン東方沖に南下を始めたハルゼーの第三艦隊は、華々しい戦果を伝える東京の情報を無線傍受し、日本軍が虚報を信じ込んでいることを把握していた。そのため日本軍の攻撃で被害を受け、本来なら味方の魚雷で処分させるべき二隻の巡洋艦の曳航《えいこう》を命じ、これを囮《おとり》として追撃をかけてくるであろう日本軍に、さらなる打撃を与える準備をしていた。

ハルゼーは第三艦隊の一群を台湾沖に残し、日本軍が出動してくるのを待った。アメリカ軍は十四日の時点で、志摩清英《しまきよひで》中将が率いる第五艦隊が、遭難中の日本海軍パイロットの救助と残敵掃討のため、出撃することを把握していたのである。

十五日、志摩艦隊の旗艦重巡那智《なち》は足柄《あしがら》、軽巡阿武隈《あぶくま》および駆逐艦七隻を率いて、アメリカ軍の残敵掃討作戦に瀬戸内海を出航した。ハルゼーは囮の損傷巡洋艦二隻に空母を含む護衛部隊を付け、偽装電波を発信して日本艦隊を引き付けようとした。

しかし、日本艦隊の動きが思いのほか鈍いことを知ると、戦闘に向けての準備を中止させ、レイテ上陸支援に専念することを命じた。十六日、連合艦隊司令部は志摩艦隊に帰還命令を出し、翌十七日艦隊は奄美《あまみ》大島に帰投している。

これらの状況的証拠からすれば、志摩艦隊の行動は敗北の事実を知った上での、辻褄合わせではなかったかという疑いさえ持たざるを得ないのだ。

台湾沖航空戦は「情報」を日本の組織がどのように扱ったのかを如実に示している。海軍は情報を加工・捏造《ねつぞう》し、味方の陸軍にも正確な情報を伝えず、天皇さえも騙して日本全体をさらなる惨劇の中に叩き込んだ。

その根底にあるのは狭量な軍官僚の自己保身であり、組織の存続願望であった。国家がなくなっても、己と己が属する組織が面子を潰さず生き残れば良いという身勝手な発想であった。

今も続く台湾沖航空戦並みの隠蔽体質

二〇一一年三月十一日に、太平洋の三陸沖を震源とする東日本大震災（東北地方太平洋沖地震）が起こった。さらに地震によって引き起こされた津波により被害が拡大し、津波は福島第一原子力発電所の事故を引き起こしていた。

政府や東京電力は「炉心の溶解＝メルトダウンは起こっていない」と繰り返したが、原発事故発生から二カ月経った五月中旬、福島第一発電所一号機が地震発生後約五時間後にメルトダウンを起こしていたことを公表した。さらに、二号機、三号機でもメルトダウンが起きていた可能性が高いことも明らかにされた。

これに対して海外のメディアは、どこからそのような精度の高い情報を入手したのか、事故発生当初から詳細な情報を使い、原発事故の深刻さを克明に伝えていた。

なぜこのようなことが起こるのだろうか。その原因としては、事故発生当初は混乱状態にあったため事実の把握が遅れたことにあるのかもしれない。

しかし、根の深い本質的な問題は、おそらく政府やそれに近い企業などの情報に対する意識にあったと考えられる。

つまり、都合の悪いことは隠すか触れることをせず、結果が明らかになった段階で想定外の出来事であったと弁明することで、自己責任追及を躱《かわ》そうという当局者たちの、事実と情報に対する真摯《しんし》な態度を持ちえない日本型の発想である。

事実を捉えて、それをどう評価し、現実の対応に結び付けていくのかがもっとも重要課題であるにもかかわらず、目の前にある責任逃れのために情報を加工していった台湾沖航空戦での大本営発表と極めて類似した発想である。

こうした意識を持つ背景には、できるだけ明るい情報を伝えて人々を安心させたいという意識があると言えるだろう。誰しも悪いニュースよりも安心できるニュースに接したほうが心地良いに決まっている。そのため良いニュースを強調することで人々の心理状態を安定させるインセンティブ（目標を達成させるための刺激）が働くのだ。

これは戦場などで瀕死の重傷を負っている戦友に「傷は浅いぞ、しっかりしろ」と声を掛け、死にゆく者に仄《ほの》かな安心を与えてやろうという日本人独特の心遣いであり、優しさでもある。

しかし、「安心」は心理的なものであり、「安全」とはまるで違う。安全はそれなりの対価を払って得られるものであり、投資に見合って獲得でき得るものである。

日本人のメンタリティは基本的には「安心」感を得ることを良しとするところにある。政策当局からすればこの点を意識して情報開示のタイミングに工夫が必要なことは認めざるを得ないが、起きていることを政策意図によって脚色すれば、事実を正確に伝えるという情報伝達の目的を達成できない。

それが続いた場合、真実を確かめるすべを持たない一般国民の間では、加工された情報が事実となって拡散して、それを基に意思決定をすることになり、極めて重大な危機に陥ってしまう。

原発事故に見る対応の遅さと不正確さ

福島原発事故当時、日本政府とアメリカ政府の放射能汚染地域の範囲の認定が食い違っていた。アメリカ軍は事故直後に、空中の放射線量を計測するために高性能ポッドを無人偵察機グローバルホークに取り付けて、原子炉敷地上空を飛行させて状況を確認し、資料収集を行っている。

二度の調査の結果、低レベルの放射線は一四〇マイル（約二二〇キロメートル）でも検知されたが、人体に重大な影響を与える危険レベルは原子力発電所そのものに限定されることが判明。そして、在日アメリカ人に対して福島第一原子力発電所から五〇マイル（約八〇キロメートル）以内に立ち入るべきではないとの警告を発したのである。

日本政府の発表は、アメリカより遅れただけでなく、二〇キロメートル以内を立ち入り禁止区域と設定。アメリカとの数値が大きく食い違っていた。

後に国会で放射能汚染をシミュレートできるシステム「ＳＰＥＥＤＩ」を使用したかどうかが問題となった。その時のやり取りからすれば、政府は正確なデータを把握していないまま避難地域を特定したようである。

さらにアメリカ側の協力申し出を断った事実もある。アメリカは軍事目的で原子力を利用するノウハウを持ち、スリーマイル島の原子力発電所事故の経験などから見れば、かなり初期の段階での判断が可能だった。そのためアメリカ政府は積極的に支援の手を差し伸べようとしたわけである。

事故発生当初の段階では、政府も東電も自分たちの能力で対処可能と踏んでいたようだが、事故を起こした福島第一発電所の原子炉は、世界初の原子力潜水艦ノーチラス号に搭載された原子炉の普及型であるというから、アメリカの対応が早かったのもそれなりの理由があったのだ。

ともあれ、日本政府は危険情報の開示に手間取り、この遅さと不正確さが、日本人と海外の国々の間で多くの人を混乱させ、不安にさせてきたことは結果論として「大本営発表」と似た状況を生み出したのだ。

問題は、原発の安全性は確立されているものではないということだ。

一九七九年三月、アメリカのペンシルベニア州スリーマイル島の原発でメルトダウンが起こったが、どうにか事故を収束させていた。

また一九八六年四月には、旧ソ連のチェルノブイリ原発が、メルトダウンの後に爆発事故を起こしている。ソ連政府は事故を内外に公表しなかったため、周辺住民は高線量の放射性物質を浴び被曝した。ソ連政府が採った処置が効果があったのか、炉心内の核燃料の活動も次第に落ち着いていった。

原発は、事故が起こった場合の対応処置を先送りにして稼働させているため、危険と背中合わせな代物なのである。まして日本は、世界で唯一の被爆体験国であり「想定外」などという言い訳が許されるべきではないのである。

講和より決戦を重んじた国家指導者たち
末期的症状でも先送りと不決断を貫いた日本

戦局の悪化でこだわり始めた「決戦」

一九四四年六月六日、連合軍がノルマンディーに上陸した。連合軍はドイツ軍占領下のパリに迫り、パリを巡る攻防戦は約一週間続き、パリは連合軍と自由フランス軍の手に落ちた。

この戦いは西部戦線における戦争の勝敗を決する戦いであった。以降、ドイツ軍は西部戦線でも敗退に次ぐ敗退を重ねていく。この状況は、ヨーロッパ戦線で余裕のできたアメリカ、イギリス軍が、戦力を太平洋戦線に注いでくることを意味していた。

パリ攻防戦が始まった八月十九日、東京では御前会議が開かれ、世界情勢の判断と戦争指導が議題とされた。この会議ではヨーロッパの情勢いかんにかかわらず「帝国は決戦的努力を傾倒して敵を破砕《はさい》し、政略的施策と相まって、あくまでも戦争完遂に邁進《まいしん》すべし」という結論を出していた。つまりアメリカ、イギリス軍との決戦に備えて、引き続き努力を重ね、戦争を推進する決定である。

しかし、これまでなかった事柄も盛り込まれていた。それは「政略的施策と相まって」という文言である。

これまでは、あくまでも軍事的に戦争を終結させることを謳《うた》っていたが、ヨーロッパ情勢の変化により、太平洋戦線がより厳しくなることが予測され、加えて日本の軍事力の現状を照らし合わせれば、戦闘でアメリカ軍を屈服させることは不可能だった。そのため、政治的解決が必要であることを初めて公式に認めたのである。

政治的解決とは、アメリカ軍に大打撃を与え、決戦に勝利し、有利な条件を作り出して交渉に持ち込むということである。

開戦前に連合艦隊司令長官山本五十六《やまもといそろく》は、宣戦布告の直後にハワイのアメリカ軍を徹底的に叩くことで、アメリカとの交渉を有利にしたいとした。だが、これを日米政府は開戦の方針とすることもなく、戦況が思わしくない時期になって、はじめてアメリカ軍を軍事的に屈服させ得ないと判断し、この構想を持ち出したのである。

これまでは講和の構想も持たず、行き当たりばったりで戦争を始めていたことが明らかだった。しかし、八月十九日の御前会議では、全残存戦力を決戦場に集中し、局地的にでもアメリカ軍に大勝利を収めるという戦略の大転換をしたのだ。

日本軍はレイテ島を決戦場とした

以降の日本軍の戦いは、局地的でもアメリカ軍に大勝利するという路線にしたがって遂行されていった。決戦場を探す日本の陸海軍は、フィリピン攻略に向かったマッカーサー配下の上陸軍が、レイテ島に結集していることを知り、そこを決戦場に定めた。

レイテを決戦場に選んだ理由は、直前に起こった台湾沖航空戦にあった。大本営海軍部は米機動部隊の大艦隊を台湾沖で捕捉し、地上基地から発進した航空機でこれを攻撃。空母一一隻撃沈を含む米艦の大部分を撃破したと発表したからだ。

一九四四年十月二十日には、台湾沖での大勝利を祝う戦勝祝賀会が日比谷公園をはじめ、全国各地で催された。ところが、大本営はその日に九〇〇隻を超えるアメリカ軍の大艦隊が、レイテ湾に押し寄せてきたのを確認した。

それでも大本営は、これを台湾沖航空戦の敗残部隊に過ぎないと判断。これを叩けば一気に和平に持っていけるとしたのだ。

だが、間もなく台湾沖航空戦の大勝利は誤報と判明するなど、日本軍の戦略目標設定は極めて杜撰《ずさん》なやり方で決定していたことが露呈したのである。

一九四四年九月に、陸軍は第一四方面軍司令官黒田重徳《くろだしげのり》中将に代えて、満州の牡丹《ぼたん》江《こう》から第一方面軍司令官山下奉文《やましたともゆき》大将をフィリピンに配した。山下大将は開戦劈頭《へきとう》のシンガポール攻略で、イギリス軍のパーシバル総司令官に、「イエスか、ノーか」と降伏を迫ったことで「マレーの虎」とされた勇将である。

十月十八日、マッカーサー将軍が率いる上陸部隊七三四隻、援護艦隊一八三隻という大艦隊は、暴風雨を突いてレイテ湾に侵入。二十日午前一〇時にレイテ島東海岸に上陸を開始した。対する日本陸軍は、レイテ島に一個師団しか配備しておらず、アメリカ軍は日没までに六万人の兵と戦略物資一万トンを揚陸《ようりく》した。

マッカーサーも同日の午後には、膝近くまで海水につかりながらレイテ島に上陸を果たすという、芝居気たっぷりの演出をしていた。これは日本軍のフィリピン侵攻作戦で、部下の将兵を残したまま、バターン半島のコレヒドール要塞《ようさい》から「I shall return.」という言葉を残してオーストラリアに逃走していたからだ。彼は濡れたズボン姿で「I have returned.」の第一声を発した。

史上最大の海戦に航空機の援護はなかった

大本営は、ルソン島で地上戦を行う陸軍の基本方針を変更し「レイテ決戦」を決意した。「国軍決戦実施ノ要域ハ比島方面トス」と捷《しょう》一号作戦を発動し、海陸軍の総力を結集してレイテ島での決戦方針を決定したのだ。

山下大将は、アメリカ軍機の飛来数が減らないことで、台湾沖航空戦は誤報と疑ったが、南方軍総司令官寺内寿一《てらうちひさいち》元帥は、レイテ決戦を命じた。やむなく山下は、ルソン島からレイテ島に決戦部隊を輸送船で送ったが、大半は途中で撃沈され、上陸した部隊も待ち構えていたアメリカ軍に撃破された。

連合艦隊もレイテ湾突入を骨子とする基本命令を出し、小沢治三郎《おざわじさぶろう》中将指揮の機動部隊本隊が瀬戸内海を出航しレイテを目指した。これは実質的に日本海軍の最後の大作戦となり、総称してフィリピン沖海戦とされるが、具体的にはシブヤン海海戦、エンガノ沖海戦、サマール沖海戦、スリガオ海峡海戦の四つの海戦からなっている。

栗田健男《くりたたけお》中将指揮の第一遊撃部隊は巨大戦艦大和《やまと》と武蔵《むさし》を擁《よう》し、サンベルナルジノ海峡から、西村祥治《にしむらしょうじ》中将の第三部隊と志摩清英《しまきよひで》中将の第二遊撃隊はスリガオ海峡から、それぞれレイテ湾のアメリカ軍泊地に突入することになった。

だが小沢中将の機動部隊本隊は、航空戦力として期待されなくなっていた。栗田艦隊をレイテ湾に突入させるため、ハルゼー指揮下の米空母機動部隊をレイテから北におびき出す囮艦隊とされて投入されたからだ。そのためレイテ突入には航空戦力の支援はなかった。

十月二十二日早朝、ブルネイを出撃した栗田艦隊は、ミンドロ島南端を迂回して内海のシブヤン海を東進し、海峡を抜けようとするが、米空母部隊の空襲で戦艦武蔵が撃沈される。それでも栗田艦隊はレイテ湾に向けて進撃し、外洋に出たところでスプレイグ少将指揮下の米護衛空母部隊と遭遇した。この時点での栗田艦隊の勢力は戦艦四隻、重巡洋艦六隻、軽巡洋艦二隻、駆逐艦一一隻という陣容であった。

日本軍よりも果敢だったアメリカ軍

この時、米護衛空母部隊は、サマール島沖で上陸部隊の支援をしていた。この部隊は商船を改造した空母六隻と正規駆逐艦三隻に、ブリキ缶と呼ばれた急造の軽装甲護衛駆逐艦四隻の一三隻であった。この艦隊は日本艦隊と戦うことはまったく想定しておらず、装備も貧弱で海戦の訓練さえ受けていなかった。

その規模は小さく、栗田艦隊の戦艦大和一隻で、米護衛空母部隊全艦の総トン数と火力を上回っていたほどで、栗田艦隊があらゆる面で米艦隊を圧倒していたのだ。

米護衛空母部隊を率いるスプレイグ少将は、レーダーで栗田艦隊の接近を知り、空

レイテ沖海戦

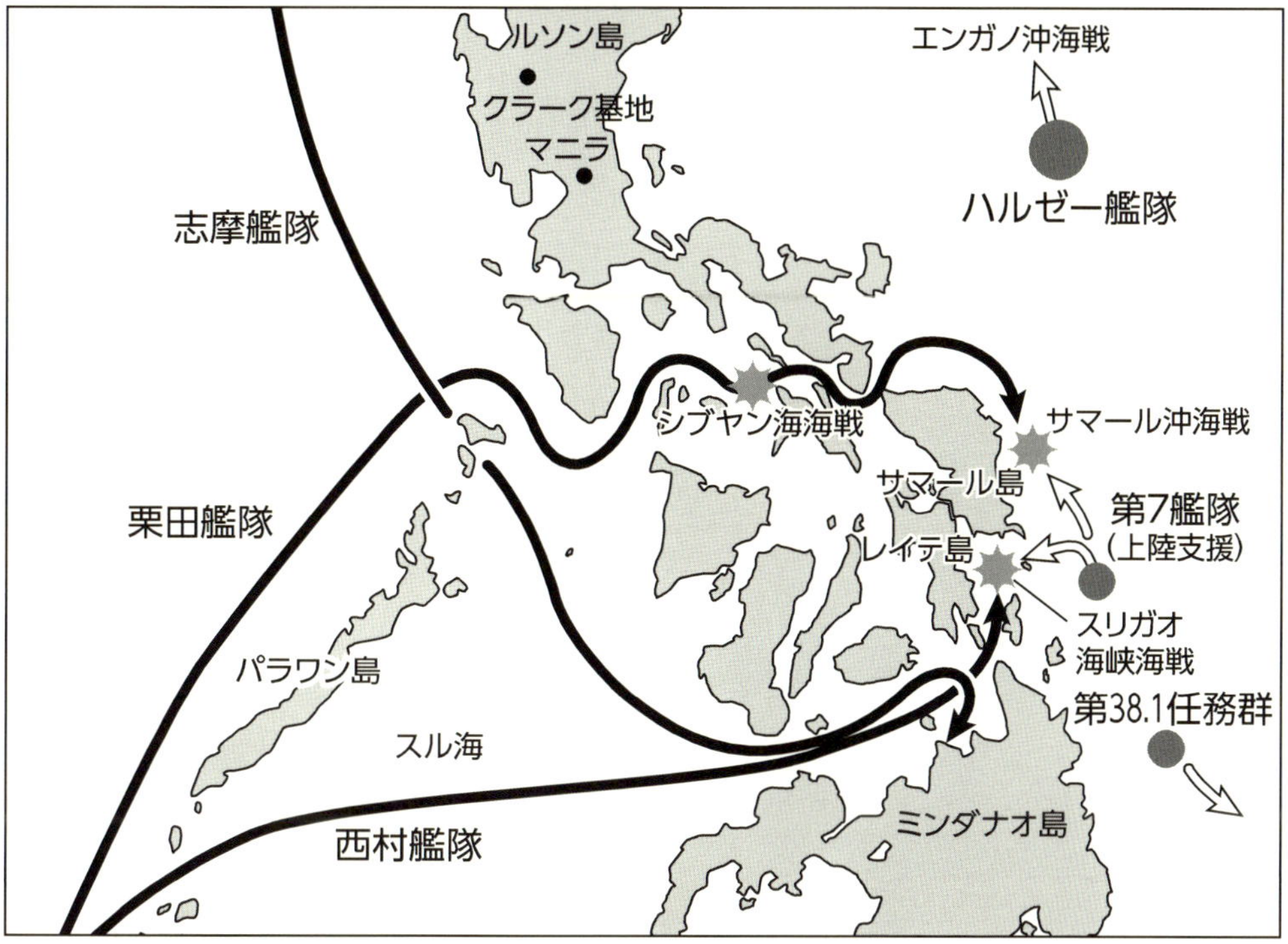

母部隊を東に離脱させて搭載機を発進させた。空母には上陸部隊を支援するための陸上用爆弾しかなかったが、栗田艦隊の進攻を妨ぐために陸上用爆弾を飛行機に乗せて向かわせた。

中には爆弾もなく機銃だけの機もあったが、見せかけの爆撃態勢を採りつつ機銃掃射をするという、持てる力をフルに使って栗田艦隊に襲いかかったのだ。

日本海軍が虎の子の空母四隻を失ったミッドウェー海戦では、ミッドウェー島爆撃の効果が弱いとし、空母攻撃用魚雷や爆弾を装備して待機していた攻撃機に、陸上用爆弾へ転装させていた。

そこへ索敵機から敵空母発見の無電が入り、ふたたび空母攻撃用魚雷に積み替えさせていたところをアメリカ機に襲われるという大失態を演じていた。

これに対して、サマール島沖のスプレイグ少将は、陸上用爆弾での攻撃を命じ、それでも十分に効果を上げたが、このような発想は日本軍にはなかった。

このサマール沖海戦は、アメリカ軍の弱小艦隊の果敢な戦いぶりが際立つ戦いであった。栗田艦隊は、繰り返されるフェイクの爆撃や雷撃行動に混乱した。スプレイグ少将は駆逐艦に突撃を命じると、ブリキ缶と言われた護衛駆逐艦は勇敢にも射撃可能な距離まで戦艦大和に肉薄し、装備する三発の魚雷を大和に向けて発射した。

大和は魚雷回避に転回し、一〇分間ほど北上したことで戦場を離脱することになってしまった。艦隊の旗艦が戦場を離脱する形となり、混乱した栗田艦隊は、米護衛空母部隊に向かって各個バラバラの攻撃を仕掛ける効率の悪さが際立った。

レイテ湾を目前に反転した栗田艦隊

栗田艦隊は最後まで、弱小の米護衛空母部隊を主力機動部隊の正規空母と誤認していた。正規空母攻撃に有効なのは、戦艦大和などが使用する巨大砲弾、徹甲弾《てっこうだん》である。徹甲弾は分厚い装甲を打ち抜き、敵艦内で三秒前後で爆発する。

戦艦大和の四六センチ主砲は艦隊決戦を想定して装備されたもので、四〇キロ先の

本来の力をまったく発揮できなかった戦艦大和

敵艦に到達する。大和は建艦以来はじめて本格的に主砲を発射したが、アメリカの護衛空母部隊に徹甲弾を命中させることはできなかったようだ。

栗田艦隊は大量の魚雷も発射しているが、正規空母と誤認していたため魚雷の深度が深く、護衛駆逐艦の艦底よりはるか下を通り抜けていた。

栗田艦隊の損害は巡洋艦部隊に多く、熊野《くまの》、鈴谷《すずや》、鳥海《ちょうかい》は米駆逐艦からの雷撃などで落伍、筑摩《ちくま》が被雷して航行不能、羽黒《はぐろ》は二番砲塔に直撃弾を受け、軽巡洋艦矢矧《やはぎ》は米駆逐艦からの砲撃と艦載機による銃撃で艦橋人員を中心に被害を出していた。

対するアメリカ軍の損害は、護衛空母ガンビア・ベイと駆逐艦ジョンソン、ホーエル、護衛駆逐艦サミュエル・B・ロバーツが沈没。護衛空母四隻が被弾して損傷を受け、戦死者は一二〇〇人、負傷者は八〇〇人、飛行機の損失は一〇〇機であった。

敵の正規空母機動部隊と交戦したとする栗田艦隊は、正規空母三隻、重巡一隻、駆逐艦五隻を撃沈、空母二隻、巡洋艦一隻、駆逐艦一隻を撃破したと判断していたが、台湾沖航空戦と同様に、栗田艦隊も戦果を正確に見極める目を持っていなかった。

栗田は十分な戦果を挙げたと判断したのかもしれない。ただ作戦どおりレイテ湾突入に向かったが、二十五日にはレイテ湾まで八〇キロの地点で、突然全残存艦隊へ「突入中止！　反転し北上へ」と命じた。幕僚たちは「長官、なぜ！」と詰め寄るが栗田は取り消さず、レイテ湾に逃げ込む米護衛空母部隊の追撃を止めてしまったのだ。

煙幕を張って逃走する米護衛空母ガンビア・ベイ

これによってフィリピン沖海戦の一連の戦いは終了。その結果、日本側は武蔵、山城《やましろ》、扶桑《ふそう》の戦艦三隻、正規空母瑞鶴《ずいかく》、小型空母三隻、重巡洋艦六隻、軽巡洋艦三隻、駆逐艦八隻などを失い、連合艦隊は壊滅してしまった。

なぜ栗田は、レイテ湾目前で反転北上を命じたのだろうか。

この理由には、栗田は正規空母を中心とする敵機動部隊に、それなりの戦果を挙げたと思い込んだとする説がある。

また大本営はレイテ湾突入に、米軍上陸部隊を殲滅《せんめつ》して戦略意図を挫《くじ》き、有利な条件で和平に結び付けるとしたが、栗田は米艦隊を洋上決戦で撃滅すれば、有利な交渉条件になり得るとしたという説もある。大本営と現場指揮官の決戦に対するイメージがずれていたのだ。

栗田艦隊と果敢に戦い、危ういところで攻撃から解放されたスプレイグ少将は「栗田が反転を決めた理由は単純で、彼は被害がこのままずっと続くかもしれないと恐れただけなのだ」としていた。

戦後に栗田は、アメリカの戦略爆撃調査団から、突入中止の理由を尋ねられると「艦隊の動きが窮屈な湾内では、十分な戦果が期待できず、外海で強力な艦隊と戦うほうが良いと思った」と答え、親しい海軍記者には「疲れていたので……」と語ったという。

レイテ湾南方のスリガオ海峡海戦では、アメリカ軍は戦艦六隻、重巡洋艦四隻などの大戦力で待ち伏せていた。マッカーサーは軽巡洋艦で観戦したいと希望し、幕僚たちを困らせる余裕さえあった。

多くの犠牲を残し悪あがきする軍部

栗田は軍人として中央の戦略を遂行しないという罪を犯し、囮になった小沢機動部隊の悲壮な努力も無にした。にもかかわらず栗田は、一九四五年一月に天皇からレイテ沖海戦での労《ねぎら》いの言葉を下賜《かし》され、海軍兵学校の校長となっている。

西村艦隊は戦艦扶桑が魚雷四本を受け、同じく魚雷攻撃を受けた旗艦戦艦山城から西村は「各艦はわれを顧《かえり》みず、敵を攻撃すべし」と最後の命令を下していた。志摩艦隊はスリガオ海峡を戦闘序列で突入を開始したが、旗艦那智が最上と衝突し、敵情不明となったため突入を断念し海峡外に退避した。

最初に特攻をした関行男大尉

捷《しょう》一号作戦では、関行男大尉が率いるゼロ戦隊が、初めての特攻をしたことで、陸海軍が一体となった作戦とされた。しかし、この付近に展開していた陸軍機の援護はなかった。

陸軍はレイテ沖海戦で、九九式双発軽爆撃機とそれをエスコートする戦闘機疾風《はやて》を出動させた。疾風は時速六〇〇キロの速力があり、陸軍最強の戦闘機であった。しかし、爆撃機と戦闘

関大尉の特攻を受けた米護衛空母セント・ロー

機の連絡がうまくいかなかったため、上空で戦爆連合の編隊が組めず、爆撃機だけが突入して米軍戦闘機の餌食となった。二四機出撃し基地に帰還したのは一機のみという惨憺《さんたん》たる結果に終わった。

アメリカの戦闘機は日本の爆撃機を発見したが、日本の戦闘機は自軍の基地の近くでも味方爆撃機を見つけられないでいた。

連絡のシステムが悪く、無線機の性能も劣悪であった。それに輪をかけたのが陸海の組織の壁であったからだ。飛行機、無線機、航法、使用兵器などは、それぞれ独自に開発して互換性がなく、運用方法も違っていたのだ。

方針の大転換を迫られた陸軍は、レイテに兵力の逐次投入という、ガダルカナルでの失敗を再現した。海軍は近代海戦の鉄則である航空戦力の支援なしに、栗田艦隊を突入させようとし、中央と現場でレイテ決戦の戦略的な読み違いがあった。

軍という大組織を運用する者の自己保身と無責任体質で、台湾沖航空戦の誤報を海軍はひた隠し、何万という将兵を無駄に死なせる末期的症状を見せた。だが、軍部の悪あがきは続いた。

軍部は、一九四四年秋から軍部は本土決戦の準備に入った。一億総特攻を唱えて六五歳以下の男子と四五歳以下の女子を、職場や地域で義勇隊に編入させ、輸送や通信、監視を行わせ、最後にはアメリカ軍と刺し違えるよう指示したが、武器も弾薬もなかった。

航空特攻を生んだ大西瀧治郎中将は、最後まで本土決戦を主張した一人だが、日本人が二〇〇〇万人も死ねば、相手にも相応の死者が出るから、占領を諦めるかもしれないとしていた。

一九四五年五月八日には、ドイツ軍とソ連軍の間で降伏調印が行われると、トルーマン米大統領が記者会見で、日本に無条件降伏を勧告する声明を出した。

最後の最後まで「負け」を先送りした日本
間際になっても終戦の構想を潰し、軍人はクーデターを企てた

講和の構想を握り潰していた日本

日露戦争では、ロシアよりも国力が劣る日本は、開戦前から講和の構想を持っていた。そのためアメリカ大統領のセオドア・ルーズベルトとハーバード大学で同級生であった金子堅太郎《かねこけんたろう》をアメリカに派遣し、時期が熟したらルーズベルトに講和の斡旋《あっせん》をしてもらう使命を与えていた。

金子はルーズベルトを日本の味方に引き寄せ、アメリカ国民を啓蒙し、ルーズベルトからの発意で講和を勧められたようにもっていった。

日露戦争の教えから太平洋戦争を見ると、アメリカやイギリスより国力が劣る日本は、開戦前に第三勢力に講和を斡旋させる工作をすべきであったが、講和の構想を先

送りして戦いを挑むという、無謀なことをしていたのである。

山本五十六が、宣戦布告直後にハワイのアメリカ軍を壊滅させ、アメリカ人に厭戦《えんせん》気分を起こさせる構想をしたが、それは日本とアメリカを仲介する国まで考えたものではなかった。そのため、作戦が駐米大使館員の怠慢《たいまん》もなく進行していても、実現したかどうかは疑わしいと思われる。

一九四四年七月にサイパンを失うと、大本営は敗戦を強く意識し、東條英機《とうじょうひでき》内閣が退陣した。政府も戦局が悪化する中で、さまざまなルートから密かに和平工作を模索していった。

東條内閣後に発足した小磯国昭《こいそくにあき》内閣は、元中国国民党中央委員の繆斌《みょうひん》に工作した。だが閣僚の大半が繆斌を信用できないと反対し、小磯内閣は総辞職した。

同じ頃、中立国のスウェーデン王室を介して、イギリス王室から連合国に和平を働きかけてもらおうという動きがあった。これに積極的になった重光葵《しげみつまもる》外相は、スウェーデン元駐日公使バッゲに、帰国して和平交渉の案を立ててくれるように依頼した。だがバッゲの帰国直前に小磯内閣が総辞職し、新外相になった東郷茂徳《とうごうしげのり》は、前内閣の行ったことは調査する必要があるとし、この工作は立ち消えになった。

さらに一九四五年四月、スイス駐在海軍武官藤村義朗《ふじむらよしろう》中佐は、ヒトラーに反発して

日本海軍が〝呪縛〟された日本海海戦の勝利

スイスに亡命していたドイツ人のハックを通じて、ルーズベルト大統領の直属機関の戦略情報機関ＯＳＳ支局長であるアレン・ダレスとの会見に成功した。藤村は米内光政《よないみつまさ》海相と豊田副武《とよだそえむ》軍令部総長に、緊急暗号電を打って会見内容を報告した。

ダレス側もアメリカ政府から、話し合いを進める許可を受けていたが、六月になって藤村は米内から手を引けという命令を受けた。このような大問題を中佐程度の者が介するのは危険だというのが理由だった。軍の内部に官僚の悪弊が蝕《むしば》んでいた証拠と言ってもいいだろう。

さらに、もう一つのダレスを介する工作があった。スイス公使館付陸軍武官岡本清福《おかもときよとみ》中将と加瀬《かせ》俊一《しゅんいち》公使が、スウェーデン人のジェイコブソンを通じてダレスに連絡を取ったのだ。

降伏後のドイツに滞在していたダレスは、ソ連の参戦前に交渉に入りたいとしたことで、岡本と加瀬は東郷茂徳外相に至急電を送り指示を待ったが、終戦を迎えてしまった。岡本中将は終戦の報を聞き、チューリッヒで自決している。

日本が和平を斡旋する第三勢力としては、不可侵条約を結んでいるソ連が最有力な候補である。だが同盟国のドイツがソ連と戦っており、ロシア革命で起こった共産主義は、天皇制を否定することで、日本は共産主義を拒否し共産主義者を弾圧していた。

政府内ではソ連に講和斡旋を図ることは考えてこなかったが、勝利を見込めない戦局になった一九四五年五月の最高戦争指導会議で、ソ連の好意的な態度を誘致させることで、戦争終結の仲介を依頼することを決定し、広田弘毅《ひろたこうき》元首相に託した。

ところが、一九四三年十一月のテヘラン会議で、ソ連のスターリンはルーズベルト米大統領とチャーチル英首相から対日参戦を要請されていた。一九四五年二月のヤルタ会談では、ソ連の対日参戦の細かな条件が詰められ、日本領の南樺太《からふと》や千島《ちしま》列島の割譲が認められていた。

このような状況で、ソ連に和平仲介する気はなく、八月八日には対日宣戦布告をしたのである。

このように実現しそうな和平工作はあったが、指導者個人の狭い判断やセクショナリズムによりぶち壊しになっていた。軍部は本土決戦を覚悟し、国民に竹槍などでの一人一殺戦法を呼びかけた。

「大和特攻」が物語る戦略なき日本的組織の終焉

一九四四年七月にサイパンが陥落すると、日本の主要都市は空襲されるようになった。

このような状況に中で、八月十九日の御前会議では、アメリカ軍に大打撃を与え、有利な条件を作り出して交渉に持ち込むということを決定した。日本の陸海軍はレイテ島を決戦場に選んだが、十月にはフィリピン沖海戦にも敗れ、陸軍もインパール攻略作戦に失敗し、一九四五年二月には、東京から一二〇〇キロしか離れていない硫黄島が陥落した。

日本軍は特攻が唯一の作戦となり、日本上空に飛来するＢ29に対しても体当たり攻撃を敢行していた。一九四五年三月には、アメリカ軍は一三〇〇隻の艦船で沖縄本島を取り囲

空襲で焼け野原になった東京

んで爆撃。艦砲射撃で四万発の砲弾を打ち込み、四月一日には上陸を開始した。

日本軍は牛島満《うしじまみつる》中将を指揮官とする守備隊九万六〇〇〇人のほか、沖縄県民二万五〇〇〇人を現地召集兵とした。女学生をはじめ元気な者は徴用され、沖縄県民すべてが戦場に立たされた。

本土決戦を一日でも遅らせるために、守備隊と沖縄県民は水際での抵抗はせず、ゲリラ攻撃で持久戦に徹したが、軍は沖縄県民を格別に扱ったわけではなかった。

鹿児島の知覧《ちらん》や鹿屋《かのや》からは連日特攻隊が出撃したが、海上特攻として戦艦大和が投入されることになった。レイテ沖海戦後に内地に帰っていた大和は、燃料がないため艦を陸近くに碇泊《ていはく》させ、陸上から電線を引いて電灯をつけ、大砲を動かすような状況で、乗員も日本の戦闘遂行が不可能だと肌で知っていた。

アメリカ軍は、上陸翌日の四月二日午後には、占領した北飛行場から発着をはじめている。制海・制空権がアメリカ軍にあり、日本軍の作戦が有利に展開する可能性はなかった。

だが海軍は、残された数少ない水上部隊を沖縄戦に活用する、やぶれかぶれの菊水作戦を発した。戦艦大和を海岸に乗り上げ、艦を浮き砲台とする方針である。

四月六日午後三時に、大和は軽巡洋艦矢矧《やはぎ》や磯風《いそかぜ》など駆逐艦八隻を率いて徳山港外を出港した。大和には四〇〇〇トンの燃料と主砲弾一一七〇発、機銃弾一五〇万発が積まれた。豊後水道出口では、早くも敵潜水艦二隻をレーダーで確認し、坊《ぼう》の岬西南沖では大和を中心とした輪形陣をとった。

四月七日午前九時前には、敵機Ｆ６Ｆが射程外を旋回し、午前一〇時には上空を護衛していた鹿屋基地のゼロ戦が引き返すと、レーダーで敵の編隊が確認された。雨雲に覆われた大和上空を敵機の編隊が旋回し、やがて二〇〇機ほどの敵機が降下して姿を現すと、大和も全砲を撃ち、砲煙が艦を覆った。

敵機は第二波、第三波と来襲し、大和に魚雷と爆弾を集中させた。午後二時二三分に大和は横倒しになると同時に大爆発を起こし、一瞬のうちに沈没した。

軍人だけでなく日本国民全員は、勝つための戦略を放棄していた。残っていた戦艦大和は、まったく成算のない作戦に投入され、二五〇〇人の乗組員とともに沈没させられるために行動したにすぎない。

「国体護持」の一点でポツダム宣言受諾を争う

沖縄戦の敗北がはっきりとした六月八日の御前会議では、日本軍は「全軍を挙げて刺し違えの戦法を以て臨み」と、あらゆる手を用いて敵兵を殺すとしていた。

七月二十六日には、アメリカ、イギリス、中国の首脳によって、日本に降伏を要求する「ポツダム宣言」が発せられた。

日本政府では、外務省は交渉の余地があるとし、軍部は断固抵抗を主張した。国民には連合国から降伏要求があったことを新聞で報道したが、政府の見解は伝えなかった。鈴木貫太郎《すずきかんたろう》首相は「政府としては重大な価値あるものとは認めず、黙殺し断固戦争完遂に邁進する」とした。だが、アメリカには日本側の拒否は織り込み済みで、原子爆弾の投下を正当化するものとした。

八月六日には広島に、九日には長崎に原子爆弾が投下され、ソ連軍が満州国の国境を侵攻してきた。九日の御前会議では、ポツダム宣言に天皇の地位を保全する国体の護持が曖昧であるため、これについて議論されたが梅津美治郎《うめづよしじろう》参謀長らは、なおも本土決戦を主張していた。

翌日の御前会議で、鈴木首相から聖断の要請を受けた天皇が「わが身はどうなっても国民を救いたい」としたことで、ポツダム宣言の受諾は決定し、これをスイスとスウェーデンを通じて、アメリカ、イギリス、ソ連、中国に申し入れた。

十二日に連合国は、サンフランシスコからの放送で、天皇の地位に関して「天皇および日本政府の国家統治の権限は、連合国最高司令官に従う（subject to）ものとする」

と回答してきた。

このsubject toという英文を、外務省は軍部の強硬派が納得しないだろうと「制限の下に置かれるものとす」と訳し、終戦を進めようとする小細工をした。英語に強い海軍だが、軍令部長豊田副武《とよだそえむ》はウェブスター大事典と首っ引きになり、陸軍は「従属」では天皇の地位という国体護持が保証されないと天皇に報告し、再照会すべきだとした。鈴木内閣の閣僚たちは国体護持の確証はつかめていなかったのである。

アメリカは放送で、日本の最終回答の遅延を責め立て、十三日にはB29で「日本皇帝および日本政府の統治権は、降伏条件実施に適当と思惟《しい》する措置を執るところの、連合軍最高司令官の下におかれるのである」と明記したビラを大量に投下した。

鈴木首相は木戸幸一《きどこういち》内大臣を通じて、内閣から要請する御前会議ではなく、天皇の召集による御前会議を願い出た。十四日朝の御前会議では陸海両総長から再照会を主張する意見の後、首相が天皇に聖断を仰いだ。

天皇は「自分の考えは、この前に言ったことと代わりがない」として連合国の回答の受諾を認め、必要なら自身が国民に語りかけると述べた。ポツダム宣言受諾が決定され、天皇制は維持されたが、天皇の大権は失うことになった。

降伏に反対する軍人がクーデターを計画

阿南惟幾《あなみこれちか》陸相は、六名の将校からクーデター計画の賛同を迫られた。彼らの「兵力使用計画」では、東部軍と近衛第一師団を用いて宮城を隔離し、鈴木貫太郎首相、木戸幸一内大臣、東郷重徳外相、米内光政海相らの政府要人を捉えて戒厳令を発し、連合国が国体護持を認めるまで戦争を継続すると記されていた。

阿南は「梅津参謀総長と相談して……」と返答したが黙認もしていた。一九三六年に陸軍の青年将校が起こした二・二六事件では、君側《くんそく》の奸《かん》とする重臣たちを討ち、天皇親政の実現を目標とし「尊王討奸《そんのうとうかん》」をスローガンとしていた。だが今回の計画には「大義名分」がなかった。

十四日に阿南と梅津は会談し、梅津がこの計画に反対すると阿南も同意した。阿南は閣議で終戦の詔書《しょうしょ》に署名した後、この夜遅く「一死ヲ以テ大罪ヲ謝シ奉ル」と遺書を遺し自決した。

内閣情報局は、終戦の詔勅《しょうちょく》が天皇の直接放送になる可能性があるとし、日本放送協会会長大橋八郎《おおはしはちろう》に至急準備を調えるように指示した。天皇の終戦放送の録音は宮内省政務室で行い、この録音版は徳川義寛《とくがわよしひろ》侍従《じじゅう》に渡され、皇后宮職事務官室内の軽金庫に保管された。

近衛第一師団森赳《もりたけし》師団長は、クーデター参加に消極的で、過激派将校から斬殺された。師団参謀の古賀秀正《こがひでまさ》少佐は、玉音放送が流されるのを防ぐため、近衛歩兵第一連隊第一中隊を内幸町《うちさいわいちょう》の放送会館に派遣した。

玉音盤が宮内省にあることを知った古賀少佐は、宮内省の電話線を切り、皇宮警察の武装を解除し、部隊に宮城内の捜索をさせた。宮内省内にいた石綿荘太郎《いしわたそうたろう》宮内大臣と木戸内大臣は金庫室などに隠れ、玉音盤も難を逃れている。クーデター発生が伝えられた天皇は「自らが兵の前に出向いて諭《さと》そう」とも述べている。

天皇の意を汲む東部軍管区司令官田中静壱《たなかしずいち》大将は、自ら皇居に乗り込んで、近衛歩兵第一連隊渡邊多粮《わたなべたろう》連隊長を止め、近衛歩兵第二連隊芳賀豊次郎《はがとよじろう》連隊長に撤収を命じた。幹部将校を憲兵に逮捕させ混乱を収束させ、宮内省に反乱鎮圧を伝えた。

けふ正午に重大放送
國民必ず嚴肅に聽取せよ
十五日正午重大放送が行はれる、この放送は眞に未曾有の重大放送であり一億國民は嚴肅に必ず聽取せねばならない

政府は新聞号外で玉音放送の告知をしていた

二枚の玉音盤は、皇后宮職事務官室から放送会館および第一生命館に設けられた予備スタジオに運ばれた。この時、偽物には正式の勅使らしい偽装をし、本物は粗末な袋に入れて木炭自動車で運搬する工作をしてい

た。

八月十五日朝の新聞号外で、政府は正午から重大なラジオ放送があると国民に予告していた。だが、午前十一時三〇分過ぎの放送開始間際に、放送会館のスタジオ前で、一人の憲兵将校が軍刀を抜き、玉音放送を阻止するためにスタジオ内に乱入しようとした。これは直ちに取り押さえられて憲兵隊に連行されていった。

やがて正午過ぎに、何事もなかったように下村総裁の、これから放送される予告と君が代がラジオから流れ、玉音放送が流されて戦闘は休戦となった。

なお、このクーデターについては拙書『日本人だけが知らない「終戦」の真実』(SB新書)でも詳説しているので、参照されたい。

最後まで「降伏」の文字を嫌い体面を保とうとした軍部

これを受けたアメリカは、八月十六日に連合国最高司令官の許に、降伏打ち合わせに十分の権限が与えられた使者を派遣せよと打電してきた。

日本政府は、全権として参謀次長河辺虎四郎《かわべとらしろう》中将を選び、十九日に一行の一六人は、白く塗った胴体に緑十字を描いた二機の一式陸攻で木更津《きさらづ》基地から伊江島《いえじま》に向かった。伊江島から米軍機でマニラに飛び、降伏に関する打ち合わせをしたが、二十六日にはアメリカ軍の第一陣が厚木に進駐すると言い渡された。

ところが厚木の海軍飛行場では、玉音放送を聞いた第三〇二航空隊司令の小園安名《おぞのやすな》大佐以下は、君側の奸の仕業とし反乱軍を組織していた。河辺中将も厚木の反乱部隊に発見されるのを恐れて鳥島付近まで南下する遠回りをして伊江島に到着していたのである。

厚木の反乱軍は、各地の陸海軍基地に航空機を飛ばせて同志を募り、国民に向けて降伏拒否の檄文を撒いて呼びかけた。ところが小園が南方戦線で罹《かか》ったマラリアが再発し、二十一日に横須賀海軍病院に収監されたことで鎮圧され、反乱軍は武装解除された。

厚木基地に降り立った
マッカーサー元帥

降伏打ち合わせを終えた河辺中将は、伊江島に戻ったが一機は車輪が故障しており、残された一機で帰還に向かうが、アメリカ側との意思疎通を欠いて燃料が満タンにされていなかった。

河辺中将の搭乗した機は、二十日の

午後十一時には燃料切れで天竜川河口付近に不時着してしまった。河辺は車を調達して浜松に向かい、浜松基地で故障して一機だけ残った重爆撃機を修理させ、二十一日午前八時に調布飛行場に辿《たど》りついている。

首相官邸では、全閣僚が河辺の帰りを待ち構え、日本は敗戦に向かって準備をしていくが、この間にも満州や樺太でソ連軍が日本軍の軍使を射殺するなど戦闘を続けていた。

八月二十八日に、連合国の進駐第一陣一五〇人が厚木に到着。三〇日にはマッカーサー以下の最高司令部も厚木基地に降り立った。

そして九月二日には東京湾に入った米戦艦ミズーリーの艦上で、降伏文書に調印した。だがその前にも、東《ひがし》久邇宮《くにのみや》内閣の閣僚である陸海軍は、河辺が持ち帰った文書の「降伏」の文字を避けたいと言い出した。だが、外務省にもsurrenderを降伏以外に訳す小細工はできず、重光外相が「現実を認識することが必要だ」と説得していた。

この期におよんでも、軍部は体面を保とうとしていたのである。

おわりに

二〇一六年五月、アメリカのオバマ大統領が、歴代大統領で初めて広島を訪問した。広島での約十七分に及んだメッセージでは原爆投下に触れたが、謝罪は一切なく核根絶を目指す美辞麗句《びじれいく》に包まれ、オバマ大統領の核哲学をアピールしたものだった。

広島での「最初に核爆弾を使用した国」の言葉は、大統領就任一年目の二〇〇九年四月に、チェコの首都プラハでの有名な「核廃絶演説」の中でも使われたものである。この演説は世界中から高く評価され、アメリカ初の黒人大統領の新しい力で、核廃絶の実現を世界中が期待したのである。

その結果、オバマ大統領のノーベル平和賞受賞につながった。オバマ大統領はプラハで核問題を採り上げることで世界政治にさっそうと登場し、広島で核廃絶を訴えて任期を終えようとしているのだ。

広島でのオバマ演説を、広島県知事湯崎英彦《ゆざきひでひこ》氏は「核廃絶に向けて歴史的な一歩」と評価し、日本の各メディアも概《おおむ》ねこの線に沿った評価を与えた。しかし、プラハから広島までの七年間、オバマ大統領は核廃絶問題について、一体どんな具体的な行動をしたのかという現実政策の面からは、状況をまったく変えることができなかったばかりか、北朝鮮の核開発には何の手も打てていない。つまり、現実政治の中では何もできず、問題を先送りにしてきただけである。

本書では戦時中、硬直した日本的組織の弊害《へいがい》を実例を挙げて分析し、失敗の原因を探ろうとしてきた。その対比として敵のアメリカ軍が失敗を徹底的に分析して欠点をリカバーし、常に新しいものに挑戦していく、アメリカ社会と軍組織の見事な連携が浮き彫りになった。日本的な発想や組織からは到底出て来ない問題処理に対して、柔軟性とスピード感あふれる能力が、アメリカの特長として際立ったのだ。

この視点に立つと、現在のオバマ政権下では、先送り体質が目立ち、迅速《じんそく》な問題解決能力が衰えていないだろうか。シリアで軍事介入に失敗し、ロシアのプーチン大統領にイニシアチブを握られた。アジア回帰を大々的に打ち出したが、中国軍が南沙《なんさ》諸島を軍事基地化するのを阻止《そし》する手が打てず、状況は中国に有利に動いている。テロ対策でもＩＳ問題に手も出せず、オサマ・ビン・ラディンの暗殺が目立っただけだ。

このように現在のアメリカは、弱い相手にそれなりの成果を上げているように見えるが、戦略的には勝利に繋がる行動を採っておらず、かつての日本軍が中国戦線や太平洋戦線で犯した失敗を繰り返しているように見えるのだ。今やアメリカも制度疲労を起こし、かつてのような活力は見い出せなくなっている。

また本書執筆時に話題になっていた、舛添要一《ますぞえよういち》氏の政治資金不正使用問題も、日本の悪弊の象徴的な現象だろう。これまで政治とカネの問題は辟易《へきえき》するほどあったが、またも同じ問題を議論しているのだ。舛添氏のせこい資金流用にうんざりするが、その根底にあるのは、日本人そのものの発想の中にある無責任な体質だろう。

われわれ自身が、会社の経費をどのように使っているかを考えてみるといい。税金と民間企業の経費は違うという意見もあるだろうが、自分のカネと他人のカネを区別できないことでは同じだ。政治とカネの問題を攻めきれないのは、ブーメランのように自分に跳ね返ってくるからであろう。

どの国の組織も、無責任と先送り体質が必ず付いて回る。これまでも多発した政治とカネの問題の本質も、良し悪しは別として、日本人の歴史と文化が生み出したものであり、問題の所在を的確につかめなければ、解決の道は生まれないのである。

そのことを、本書を通じて確認していただきたい。

二〇一六年七月

国士舘大学政経学部政治学科講師　松本利秋

【参考文献】

半藤一利著『日本のいちばん長い日―運命の八月十五日―』(文藝春秋)／小森陽一著『天皇の玉音放送』(五月書房)／中村正則他編『世界史のなかの一九四五年』(岩波書店)／森山康平著『図説日中戦争』(河出書房新社)／秦郁彦著『裕仁天皇五つの決断』(講談社)／防衛庁防衛研究所戦史室編『大本営陸軍部〈10〉』(朝雲新聞社)／秦郁彦著『日中戦争史』(河出書房新社)／イアン・ブルマ著 石井信平訳『戦争の記憶―日本人とドイツ人』(TBSブリタニカ)／ウィリアム・H・マクニール著 高橋均訳『戦争の世界史上・下』(中央公論新社)／永田実著『マーシャル・プラン』(中央公論新社)／ウィリアム・ウッドラフ著 千本祥子訳『現在を読む―世界近代史―』(TBSブリタニカ)／永井陽之助著『平和の代償』(中央公論新社)／永井陽之助編『二十世紀の遺産』(文藝春秋)／秦郁彦著『昭和史の謎を追う上・下』(文藝春秋)／永井陽之助『現代と戦略』(文藝春秋)／岡崎久彦著『戦略的思想とは何か』(中央公論新社)／小谷賢著『イギリスの情報外交』(PHP研究所)／ジョセフ・フランケル著 河合秀和訳『国益』(福村出版) ／高山正之著『歪曲報道』(PHP研究所)／太平洋戦争研究会著『太平洋戦争』(アスペクト)／小谷賢著『日本軍のインテリジェンス』(講談社)／日本国際政治学会太平洋戦争原因研究部編『三国同盟・日ソ中立条約』(朝日新聞社)／日本国際政治学会太平洋戦争原因研究部編『南方進出』(朝日新聞社)／森清勇著『外務省の大罪』(かや書房)／鈴木博毅著『超入門・失敗の本質』(ダイヤモンド社)／戸部良一、寺本義也、鎌田伸一、杉之尾宜生、村井友秀、野中郁次郎著『失敗の本質』(ダイヤモンド社)／山本七平著『日本はなぜ敗れるのか』(角川書店)／NHKスペシャル取材班編『日本海軍400時間の証言』(新潮社)／ハリー・G・サマーズJr.著 杉之尾宜生、久保博司訳『アメリカの戦争の仕方』(講談社)／恒川恵市著『企業と国家』(東京大学出版会)／日下公人、三野正洋著『組織の興亡―日本海軍の教訓』(ワック出版)／日下公人、三野正洋著『組織の興亡―日本陸軍の教訓』(ワック出版)／別宮暖朗著『帝国陸軍の栄光と転落』(文藝春秋)／別宮暖朗著『帝国海軍の勝利と滅亡』(文藝春秋)／水嶋都香著『日中戦争とノモンハン事件』(第一書房)／クリス・ヘッジズ著 伏見威蕃訳『本当の戦争』(集英社) ／佐藤早苗著『月刊宝石「わが無念」東條英機獄中手記―日米開戦の真実明かす』(光文社)／奥村宏著『会社はなぜ事件を繰り返すのか』(NTT出版)

著者略歴

松本利秋（まつもと・としあき）

1947年高知県安芸郡生まれ。1971年明治大学政治経済学部政治学科卒業。国士舘大学大学院政治学研究科修士課程修了。政治学修士。国士舘大学政経学部政治学科講師。ジャーナリストとしてアメリカ、アフガニスタン、パキスタン、エジプト、カンボジア、ラオス、北方領土などの紛争地帯を取材。TV、新聞、雑誌のコメンテーター、各種企業、省庁などで講演。著書に『戦争民営化』（祥伝社）、『国際テロファイル』（かや書房）、『「極東危機」の最前線』（廣済堂出版）、『軍事同盟・日米安保条約』（クレスト社）、『熱風アジア戦機の最前線』（司書房）、『「逆さ地図」で読み解く世界情勢の本質』『日本人だけが知らない「終戦」の真実』（以上、小社刊）などがある。

【大活字版】

なぜ日本《にほん》は同《おな》じ過《あやま》ちを繰《く》り返《かえ》すのか

太平洋戦争《たいへいようせんそう》に学《まな》ぶ失敗《しっぱい》の本質《ほんしつ》

2019年11月15日　初版第1刷発行

著　者　松本利秋《まつもととしあき》

発行者　小川 淳

発行所　SBクリエイティブ株式会社

〒106-0032　東京都港区六本木2-4-5

電話：03-5549-1201（営業部）

装　幀　長坂勇司（nagasaka design）

組　版　有限会社フレッシュ・アップ・スタジオ

印刷・製本　大日本印刷株式会社

落丁本、乱丁本は小社営業部にてお取り替えいたします。定価はカバーに記載されております。本書の内容に関するご質問等は、小社学芸書籍編集部まで必ず書面にてご連絡いただきますようお願いいたします。

本書は以下の書籍の同一内容、大活字版です
SB新書「なぜ日本は同じ過ちを繰り返すのか」

ISBN 978-4-8156-0221-5